Johann Wolfgang Goethe
Iphigenie auf Tauris

Von
Benedikt Jeßing

Philipp Reclam jun. Stuttgart

Goethes *Iphigenie auf Tauris* liegt unter Nr. 83
in Reclams Universal-Bibliothek vor.

Universal-Bibliothek Nr. 16025
Alle Rechte vorbehalten
© 2002 Philipp Reclam jun. GmbH & Co., Stuttgart
Gesamtherstellung: Reclam, Ditzingen. Printed in Germany 2002
RECLAM und UNIVERSAL-BIBLIOTHEK sind eingetragene Marken
der Philipp Reclam jun. GmbH & Co., Stuttgart
ISBN 3-15-016025-1

www.reclam.de

Inhalt

I. Wort- und Sacherklärungen

[Titel] Die Ortsangabe »auf Tauris« meint eigentlich die
Krim-Halbinsel im Schwarzen Meer, die allerdings als
echte Insel verstanden wird. Der Name leitet sich ab von
einem in der Antike dort ansässigen skythischen Volk,
den Taurern oder Tauriern. Goethe lehnt sich mit dieser
Ortsangabe an die französische Tradition der Iphigenie-
Dichtungen an: *Iphigénie en Tauride*.

Personen

Während Iphigenie, Orest und Pylades aus der Agamem-
non-Sage bekannte Figurennamen sind und auch Thoas
als taurischer König schon Bestandteil des Iphigenie-My-
thos ist, wird Arkas erst in den französischen Bearbeitungen dem Stoff hinzugefügt. Hier, in Racines *Iphigénie
en Aulide*, ist er allerdings der Vertraute von Iphigenies
Vater Agamemnon. – Wie den Aktaufbau seines Schauspiels gestaltet Goethe auch die Figurenkonstellation
streng symmetrisch: Auf der einen Seite der Zentralge-
stalt Iphigenie stehen die Griechen, Orest und Pylades,
auf der andern die Taurer, Thoas und Arkas.

Hain: eine im 18. Jh. längst veraltete, allerdings im Umkreis
Klopstocks (vgl. auch die Klopstock-Begeisterten im
»Göttinger Hainbund«) wieder eingeführte, antikisierende Bezeichnung für einen Waldplatz, der als Lustort um-
gestaltet und gepflegt oder einer Gottheit geweiht ist.

Dianens: vgl. Anm. zu V. 200 und 546 f.

Erster Aufzug. Erster Auftritt

8 *Ein hoher Wille:* Der Wille Dianens, die Iphigenie vom
Opferaltar zu Aulis nach Tauris rettete und der sie dort
als Priesterin dient.

18 *abwärts:* älterer Sprachgebrauch: weg, seitab, abseits.
21 *Mitgeborne:* Geschwister; antikisierende Wortbildung
   Goethes in wörtlicher Übersetzung des griech. συγγονοι
   ›Verwandte, Gleichaltrige‹.
47 *umgewandten:* zerstörten; ebenfalls eine antikisierende
   Übertragung aus dem Griechischen πολιν ανατρεπειν
   ›eine Stadt umwenden, zerstören‹.
49 *Die Gattin:* Klytämnestra.
50 *Die schönen Schätze:* bezieht sich zurück auf »Gattin
   […], Elektren und den Sohn« in V. 49.

Zweiter Auftritt

54 *beut:* veraltete Form von *bietet, entbietet,* kennzeichnet
   die zeremonielle Anrede der Priesterin und ist gleichzeitig dem Metrum geschuldet: Im ganzen Eingangsmono-
   log Arkas' wird die weibliche Versendung vermieden.
81 *gesellt und lieblich:* in allen Prosafassungen »in lieb-
   licher Gesellschaft«.
84 *Ein fremder Fluch:* Iphigenie bezieht sich hier, ohne es
   verstehen zu können, auf ihr Schicksal in Aulis und die
   aus der Rettung erfolgende Trennung von Familie und
   Heimat.
86 *eh'rner:* ›eiserner, erzener‹ – allerdings nicht im Sinne
   metallischer Beschaffenheit, sondern in übertragener Bedeutung: ›ewig währender‹, meist sogar als ›schicksalhaf-
   ter Zwang‹.
93 *Dank habt ihr stets:* um des Halbverses willen verkürzt
   um »erhalten (von mir)«.
96 *dem Wirte:* dem Gastgeber.
108 *Gleich einem Schatten um sein eigen Grab:* In antiker
   Vorstellung führten die Seelen Verstorbener ein Schatten-
   dasein in der Unterwelt und kehrten an bestimmten Tagen zu ihrem Grab zurück.
113 *Lethes:* Der antiken Überlieferung entsprechend war
   Lethe der Fluss der Unterwelt, aus dem die Seelen der
   Verstorbenen trinkend ihr Erdenleben vergessen.

114 *feiert:* hier: untätig, müßig verbringt.

116 *vor allen:* In der Prosafassung von 1781 lautet die entsprechende Passage: »Gewöhnlich ist dies eines Weibes Schicksal und vor allen meins« – d. h. ›vor allen möglichen Frauenschicksalen‹.

131 f. *Umschwebt … das Heer:* Anspielung auf die in antiker Vorstellung geflügelte Siegesgöttin Nike.

140 *ein Gott:* Gottheit, also in diesem Falle Diana.

142 *unwirtbaren Todesufer:* bezieht sich auf den erst von Iphigenie ausgesetzten Brauch der Taurer, alle auf der Insel anlandenden Fremden der Diana zu opfern.

149 *hebt:* verkürztes *erhebt,* in der Prosafassung von 1779 stand »preisen«; die Verkürzung ist auch dem Metrum geschuldet.

161 *Folger:* auch um des Metrums willen verkürztes *Nachfolger*; die Verkürzung steht (wie in V. 54 »beut«, V. 149 »hebt« und V. 169 »rückhaltend« im Dienst stilistisch-archaisierender Simplizität.

164–168 *Der Skythe … zu lenken:* Arkas thematisiert hier eine scheinbare kulturelle Differenz zwischen angeblich barbarischen Skythen und ›zivilisierten‹ Griechen: Die rohere befehlsartige Kommunikation des Königs scheint sich zwar im folgenden Auftritt zu bestätigen, allerdings strafen auch Pylades und Orest die Annahme einer verfeinerten griechischen Zivilisation Lügen (vgl. vor allem IV,4 und V,4), die Skythen erweisen sich im Verlauf des Stückes sehr wohl als zivilisierte Gesprächspartner.

169 *rückhaltend:* verkürztes *zurückhaltend* (vgl. Anm. zu V. 161).

200 *Jungfrau einer Jungfrau:* Diana (griech. Artemis), in deren Tempel Iphigenie als Priesterin dient, ist Göttin der Jagd und Beschützerin von Jungfräulichkeit und Keuschheit; Iphigenie strebt in der Weigerung, Thoas zu ehelichen, auch der mythologischen Ehescheu ihrer Göttin nach.

204 *Schluss:* verkürztes *Beschluss* (vgl. Anm. zu V. 161).

Dritter Auftritt

223 *Fülle:* Erfüllung.

237 *gerochen:* im 18. Jh. und bei Goethe regelmäßig noch gebräuchliches stark flektiertes Part. Perf. zu *rächen.*

255 *Abkunft:* Herkunft, Abstammung; in den Prosafassungen stand noch »Ankunft«, was aber bis ins 18. Jh. hinein die gleiche Bedeutung hatte.

256 *Vor mir wie vor dem Letzten:* Vor Thoas als dem höchsten ebenso wie vor dem niedrigsten der Taurer.

258f. *das Gesetz / Gebietet's und die Not:* Thoas begründet die von Iphigenie ausgesetzten Menschenopfer eben nicht nur aus einer als barbarisch bezeichneten Diana-Religion (»Gesetz«), sondern auch als Schutzmaßnahme gegen Eindringlinge, als außenpolitische »Not(wendigkeit)« (vgl. dazu vor allem V. 2102ff.).

268 *verwünschtes Haupt:* Iphigenie spielt auf den Fluch an, der auf allen Mitgliedern des Tantalus-Geschlechts lastet – und so auch auf ihr.

275 *Wandrung:* hier im Sinne von ›unfreiwillige Entfernung von Heimat und Familie‹.

276 *Elend:* in der seit dem Mittelalter gebräuchlichen Bedeutung von ›Fremde, Ausland‹.

279 *Rat:* im Sinne von ›Beschluss‹ oder ›Ratschluss‹.

280 *deinem Haus und dir gedenken:* im Sinne von ›mit deiner Familie und dir beabsichtigen‹.

284 *möchte:* im Sinne von ›könnte‹, Conjunctivus potentialis zu *mögen* in der Bedeutung von ›vermögen, können‹.

303–305 *Einmal vertraut … oder nützt:* Das Motiv des einmal in die Welt getretenen und dann von Sprecher oder Sprecherin unabhängig sich bewegenden (geheimnisverratenden) Wortes – das hier als Argument für das Redeverbot dienen soll – greift Goethe etwa in der *Natürlichen Tochter* wieder auf (V. 411: »Ein Vorsatz, mitgeteilt, ist nicht mehr dein«).

306/315–432 *Ich bin … spricht:* Goethe legt Iphigenie

selbst die Aufklärung über die vergangenen Greuel des Tantaliden-Geschlechts in den Mund. Damit ›vermenschlicht‹ er die mythische Erzählung gewissermaßen, denn im Unterschied dazu wird sie in der *Agamemnon*-Tragödie des Aischylos von der prophetischen Seherin Cassandra erzählt: Aus dem Munde Iphigenies bekommt die mythische Vorgeschichte zumindest den Anschein einer individuellen Vorgeschichte.

309 *Hochbegnadigten:* im Sinne von ›Hochbegnadeten, reich mit Gnade Beschenkten‹.

321 *Des großen Donnrers:* Zeus/Jupiter war der Blitze schleudernde, Donner sendende Gott (vgl. die Hymne »Prometheus«, V. 1–5).

324 *Jovis:* Gen. zu *Jupiter.*

325 *Schmach des alten Tartarus:* Genitivus explicativus: der Tartarus als Ort der Schmach; nach antiker Vorstellung war der Tartarus einerseits das gesamte Reich der Unterwelt, andererseits aber jener Ort der tiefsten Schmach, in den die Verdammten hinabgestoßen wurden – im Gegensatz zu den Erlösten, die nach dem Trunke des Vergessens aus dem Flusse Lethe in das von diesem umflossene Elysium eingingen.

328 *gewalt'ge:* hier auch im Sinne von ›gewalttätige, gewaltsam handelnde‹.
Titanen: Goethe macht hier in freiem Umgang mit dem mythologischen Stoff aus Tantalus einen Titanen – im Mythos war Tantalus Sohn des Zeus (zum freien Umgang Goethes mit dem Mythos vgl. auch die Hymnen »Prometheus« und »Ganymed«). Titanen waren in der antiken Vorstellungswelt die Kinder des Uranos und der Gaia, sehr alte Götter vor den olympischen Gottheiten, zu denen Iapetos, Hyperion und Kronos zählen; die Titanen werden von Zeus in zehnjährigem Kampf besiegt und in den Tartarus geworfen.

330 *Gewisses:* hier nicht in der attributiven Bedeutung ›unsicheres, unbestimmtes‹, sondern im Gegensatz dazu ›sicheres, unfehlbares‹.

331 *ein ehern Band:* vgl. V. 86 mit Anm.

332 *Rat:* bei Goethe häufig in der Bedeutung von ›Überlegung, Umsicht‹.

345 *die erste Tat:* in der Serie der Greueltaten der Tantaliden die erste Bluttat.

360 *der Stadt:* Mykene.

390 f. *So wendete ... Gleise:* Der Sonnenwagen, den Helios täglich über den Himmel fährt, ist bei Goethe wegen der gerade berichteten Greueltat des Atreus aus dem Gleise geraten – die Ordnung der Natur selbst ist erschüttert. In der antiken Überlieferung (vgl. Euripides, *Elektra* und *Orest*) steht diese Störung zwar auch im Zusammenhang mit der Atreus-Sage, jedoch nicht mehr, nachdem sich Thyest das Tier mit dem Goldenen Vlies und damit die Königswürde gewaltsam angeeignet hatte, durch Zeus der Gang der Sterne und des Sonnenwagens aufgehalten bzw. umgelenkt worden. Erst danach geschieht das grauenvolle Verspeisen der Kinder.

412 *sichern:* im Sinne von ›sich in Sicherheit wähnenden‹.

414 *der schönsten Frau:* Helena, Gattin des spartanischen Königs Menelaos, deren Raub durch den Trojaner Paris den Anlass zum Trojanischen Krieg lieferte.

423 *Kalchas':* griechischer Priester und Seher.

429 *Erkannt ich mich:* erkennen hier im Sinne von ›sich zurechtfinden, zu sich kommen, die eigene Lage erkennen‹.

447 *bat:* erbat (vgl. auch Anm. zu V. 161).

458 *lispelt:* flüstert.

468 *ihnen:* bezieht sich trotz des Plurals auf »Weib« (V. 465); Thoas generalisiert hier und spricht über ›alle Weiber‹, die Frau im Allgemeinen, wodurch der Plural gerechtfertigt erscheinen mag.

479 *sollt':* als Conjunctivus irrealis zu verstehen; die Prosafassung von 1781 formuliert eindeutig: »doch hätt ich alles erwarten sollen«.

484 *Glaub es:* in Goethes Handschrift »Glaub' mir«; die

Änderung ist möglicherweise von Herder eingefügt worden – die Weglassung des *-e* von *glaube* sollte nach den
strengen Regeln der Metrik nur beim Zusammenprall
zweier Vokale gestattet sein. Die Änderung ist selbst
wieder rhythmisch problematisch, da die Versstellung
des »es« eigentlich eine Hebung verlangt, die hier aber
kaum gesprochen werden kann.

496 *Sturm:* in der Prosafassung von 1779 eindeutiger identifiziert als »Sturm der Leidenschaft«.

501 *einen erdgebornen Wilden:* Thoas übernimmt hier in
ironischer Brechung den griechischen Blick auf die angeblich barbarischen, ›wilden‹ Völker – etwa die Taurer.

517–521 *Das Murren ... fordert:* Thoas schiebt hier, um
Iphigenie unter Druck zu setzen, eine angebliche Stimmung im Volk vor; diese Behauptung wird später (IV,2,
V. 1466ff.) durch Arkas widerlegt.

523–525 *Der missversteht ... Begierden an:* Das psychologisierende Argument Iphigenies, das die Gier nach Blutopfern als Ergebnis einer Projektion von eigenen Aggressionen bewertet, findet sich schon bei Euripides, dort
war es allerdings auf ein ganzes Volk bezogen, Goethe
individualisiert es nochmals.

Vierter Auftritt

538–560 *Du hast ... lassen:* Der Rhythmuswechsel zum
Gebet der Iphigenie vom (fünfhebigen) Blankvers zum
freieren (meist vierhebigen) Hymnenvers greift in der
Hinwendung zur Göttin auf die junge Tradition der
Sturm-und-Drang-Hymne zurück, ist aber vor allem
auch der Orientierung an der antiken Tragödie geschuldet: Auch hier wurde der Wechsel von der dramatischen
Handlung zum Chorlied durch einen metrischen Wechsel angezeigt (vgl. auch Anfang und Schluss des 4. Aufzuges).

546f. *dein Blick ... dein Licht:* Diana spielt in der antiken

Vorstellungswelt als Schwester Apolls auch die Rolle der Mondgöttin.

549 *enthalte:* im Sinne von ›halte ab, halte rein, halte zurück‹.

551 *zufällig:* in einem neutraleren Sinne auf das akzidentielle, von außen kommende, wenigstens nicht vorsätzliche Tun bezogen.

552 *unwilligen:* im Sinne von ›unfreiwilligen‹.

556 *fristen:* im ursprünglich transitiven Sinne von ›verlängern, eine Frist gewähren‹.

Zweiter Aufzug. Erster Auftritt

563 f. *das grässliche / Geleit der Rachegeister:* Die Erinnyen sind die hundeköpfigen und schlangenhaarigen Rachegöttinnen der Unterwelt, die in der antiken Vorstellungswelt den Untäter verfolgen, zumal bei Verbrechen innerhalb der Familie.

566 *vielgeliebten Schwester:* Die Schwester Apollons ist Diana.

576–580 *Soll ich … Meuchelmörder stellt:* Orest interpretiert den Mord an seinem Vater als Tieropfer, bringt aber deutlich zum Ausdruck, dass er den Tod auf dem Altar (der Diana) dem Tod durch den Arm des Verwandten vorzieht – natürlich unwissend, dass hier auf Tauris beides zusammenfiele.

581 *ihr Unterird'schen:* ein Übername der Erinnyen, die man nicht durch Nennung ihres Namens herausfordern wollte.

583 *träufend:* tropfend, triefend.

584 *Wie losgelassne Hunde:* in antiker Vorstellungswelt werden die Rachegöttinnen oft mit Blut- oder Schweißhunden auf der Fährte des verwundeten Wildes verglichen; so mehrfach bei Aischylos, z. B. *Die Choephoren*, V. 1054: »Ich seh's: das sind der Mutter wüt'ge Hunde dort« (Übers. von Oskar Werner), vgl. auch ebd. V. 924.

588 *Larven:* »Larven« oder »Lemuren« hießen im antiken Rom die nächtlich spukenden Geister Verstorbener, denen ein negativer Einfluss auf die menschliche (lebende) Welt unterstellt wurde.

598–600 *die verworrnen Pfade … wieder aufzuwinden:* Goethe legt Pylades, dem klügeren und besonneneren der beiden Freunde, das bildhafte Argument des kretischen Labyrinths in den Mund, aus dem sich Theseus, vorausschauend und mit Hilfe des Fadens der Ariadne, wieder befreien konnte.

601 *Ich denke nicht den Tod:* In der poetischen Rede des 18. Jh.s (vor allem seit Klopstock) werden Verben kognitiver Prozesse noch häufig direkt mit einem Akkusativobjekt verknüpft; diese Fügung ist hier nicht metrisch begründet, sie findet sich in allen Prosafassungen der *Iphigenie.*

609 *Unmut:* in der Bedeutung von ›Mutlosigkeit‹; ebenso in V. 614.

613 f. *Der Götter … wähnt:* Goethe entwirft hier einerseits die Figur des Pylades als eines treuen, beratenden und Hilfe bietenden Freundes – er ist das realistische, zur Tat bereite Gegenbild Orests. Gleichwohl irrt Pylades hier: Gerade das orakelhafte Götterwort, das die beiden Freunde nach Tauris schickte, ist – bei Goethe – doppelsinnig und ermöglicht so die Aufhebung des Tragischen im Schluss (vgl. V,6, V. 2107–35).

615–627 *Des Lebens … ihn bald her:* In begründeter Abweichung vom Mythos (Orest wurde dort schon als kleinstes Kind seinem Onkel Strophios, Pylades' Vater, zur Erziehung übergeben) lässt Goethe Orest seine Kindheit noch länger bei der im Ehebruch lebenden Mutter verbringen, unter Abwesenheit des Vaters sowie der wachsenden Missstimmung in der Ehebruchs-Beziehung zwischen Klytämnestra und Ägisth; damit wird auf genauere individualpsychologische Weise die Motivation des Muttermordes wie auch die melancholische Disposition der Figur begründet.

636 *unwillig:* im Sinne von ›unfreiwillig‹; vgl. V. 552.
   Orkus: Unterwelt, gleichbedeutend mit *Tartarus*.
639 *worden:* verkürztes *geworden*; altertümliche Form des
   Part. Perf. von *werden*; die Verkürzung ist hier auch dem
   Metrum geschuldet.
643–653 *Erinnre … schwärmte:* Orest erinnert sich hier
   der bei Goethe zweiten Phase seiner Kindheit, der Zeit
   bei seinem Onkel Strophios und dessen Sohn Pylades.
645 *Vater:* Pylades' Vater und Orests Onkel Strophios (vgl.
   Anm. zu V. 615–627, 643–653).
656 *das Ängstliche:* im Sprachgebrauch des 18. Jh.s nicht
   die psychische Verfassung einer Person meinend, sondern auf die Sache bezogen: ›das Beängstigende, Angster-
   regende‹.
670 *dem hohen Ahnherrn gleich:* Orest schildert hier gemeinsam mit Pylades vollbrachte Taten, die in der griechischen Mythologie eher von Theseus oder Herakles erzählt werden, nicht aber von Tantalus oder einem anderen der Tantaliden-Vorfahren; Goethe verlässt hier die
   mythologische Exaktheit zugunsten der Darstellung einer tatenhungrigen Jugend seines Helden, die im Gegensatz zu seiner jetzigen melancholischen Tatenlosigkeit
   steht.
687 *Ton der Harfe:* Anspielung auf das in der griechischen
   Antike gebräuchliche Instrument, auf dem der Sänger
   sich begleitete: die Lyra. In der Prosafassung von 1779
   war der Harfe das Attribut »goldenen« beigefügt.
689 *eitel:* hier im barocken Wortsinne von ›nichtig, flüchtig, vergänglich‹.
707–710 *Mich haben sie … zugrund gerichtet:* Entgegen
   der durchaus gegebenen psychologischen Motivierung
   des Muttermords (vgl. Anm. zu V. 615–627) wird hier
   deutlich, dass Orest seine Tat als von den Göttern geboten interpretiert; der innere Widerstand gegen die Untat
   drückt sich in dem »meiner doch verehrten Mutter«
   (V. 708) aus – eine Formulierung, die in den Prosafassun-

gen fehlte –, was hier zu einer Steigerung des Schuldge-
fühls führt.

709 *rächend:* dem grammatischen Subjekt des Satzes zuzu-
ordnen: »sie« (V. 707), die Götter; Subjekt der Rache sind
die Götter, Orest versteht sich als ihr bloßes Instrument.

711 *auf … gerichtet:* in der Bedeutung von ›auf … abgesehen‹.

717 *es erbt:* im Sinne von ›es vererbt sich‹, ein im 18. Jh.
üblicher intransitiver Gebrauch.

720 *verderbt:* ältere Flexionsform des transitiven Verbs
verderben im Sinne von ›jemanden zugrunde richten‹.

721 *erwarte:* ältere Form im Sinne von ›warte‹.

722 *Bringst du die Schwester zu Apollen hin:* Pylades thematisiert hier erstmals den Orakelspruch, demzufolge
Orest nach Lösung dieser Aufgabe vom Fluch befreit
werden soll; hier eindeutig: Apolls Schwester Diana bzw.
ihr Bildnis ist gemeint. Dass dieses Orakel anders zu
deuten ist, stellt sich erst am Schluss des Schauspiels heraus (vgl. V,6, V. 2107–35).

723 *Delphis:* Kultstätte Apolls, hier in einem lateinisch de-
klinierten Kasus; Rat Suchenden wurde hier ein meist
doppelsinniger Orakelspruch zuteil. Die Aufgabe, die
»Schwester« nach Delphi zu bringen, modifiziert die
Auslegung des Orakels, die Goethe hier Pylades in den
Mund legt, sie stammt weder aus der antiken Überlieferung, noch stimmt sie mit dem tatsächlichen Wortlaut
des Orakels überein (vgl. V. 2113–15).

727 *Unterird'schen:* vgl. Anm. zu V. 581.

747 f. *Es siegt … verehrt:* In der Absicht, Trost zu spenden,
spielt Pylades hier auf den Herakles-Mythos an, der auf
den Mord an seinen Kindern hin, vom delphischen Orakel geleitet, die berühmten zwölf Arbeiten verrichten
musste; Goethe lässt dies im Sinne christlicher Buße deuten.

762 *Ulyssen:* Odysseus; der Name wurde lat. zu *Ulixes* und
über franz. *Ulysse* auch ins Deutsche übernommen.

Odysseus, der König von Ithaka, Held vor Troja und Erfinder des Trojanischen Pferdes, ebenso Held seiner zehnjährigen Irrfahrten, ist der »Listenreiche«, der sich durch kluges Kalkül auszeichnet; durchaus scharfsichtig erkennt Orest an Pylades ebendiese Charakteristika wieder, die für die Pylades-Figur bei Goethe bestimmend sind. Eigentlich konnte aber Orest Odysseus nicht kennen.

772 *ein fremdes, göttergleiches Weib:* Iphigenie; Pylades übernimmt hier die Sicht der Taurer auf die wie durch ein Wunder auf die Insel gekommene Priesterin.

777 *Amazonen:* sagenhaftes kriegerisches Frauenvolk, das etwa bei Diodorus Siculus, in Plutarchs *Theseus* und in Herodots *Historien* geschildert wird.

Zweiter Auftritt

801 *Gefährlich ist die Freiheit, die ich gebe:* Indem Iphigenie Pylades (und später auch Orest: vgl. V. 926–930) die Fesseln abnimmt, bereitet sie ihn für die Opferung vor.

802 *wenden:* Wunschform im Sinne von ›mögen abwenden‹.

803 *Vielwillkommner:* eine Wortneubildung, wie sie seit der Voß'schen Homer-Übersetzung als Zeichen antikisierenden Stils gerne verwendet wurde; vgl. auch »oftgewaschnen« (V. 1028), »spätgefundnen« (V. 1325), »fernabdonnernd« (V. 1361).

824–841 *Aus Kreta … erwarten:* Pylades, listenreicher Lügner wie Odysseus, ersinnt hier eine Lügengeschichte, gibt Orest und sich als Brüder von der Insel Kreta aus; allerdings begründet er konsequent und der Wahrheit sehr nahe ihre Anwesenheit auf Tauris mit einem Brudermord Orests, der anschließenden Verfolgung durch die Furien und der Weissagung des apollinischen Orakels, im Tempel auf Tauris könnte ihnen geholfen werden.

837 *Furie:* Erinnye.

843 *dargestellt:* im Sinne von ›hingegeben, bezeichnet‹.

849 *schone seiner:* in der poetischen Sprache des 18. Jh.s noch gebräuchliches Genitiv-Objekt zu *schonen,* in der Prosafassung und heutzutage ganz durch den Akkusativ ersetzt.

857 *bis du mir genug getan:* im Sinne von ›meine Neugier gestillt hast‹, wie die Prosafassung von 1779 deutlich macht: »bis du meiner Neugier genug getan«.

858 *zehen:* ältere Form des Zahlworts *zehn,* deren Verwendung hier natürlich dem Metrum geschuldet ist.

862 *Barbaren:* ursprünglich eine Bezeichnung für alle Nicht-Griechen – hier sind die Bewohner Trojas gemeint; bekam aber schnell den herabsetzenden Beigeschmack des ›unzivilisierten Wilden‹.

863 *schönen Freunde:* Patroklos, der engste Freund Achills, dessen Tod im 16. Gesang von Homers *Ilias* erzählt wird.

865 *Palamedes:* Sohn des Nauplios und König von Euböa, von dessen Teilnahme am Trojanischen Krieg allerdings erst die nachhomerische Berichterstattung weiß.
Ajax Telamons: Ajax, Sohn des Königs Telamon von Salamis, neben Achill der herausragende griechische Held vor Troja, begeht im Anschluss an einen Trickbetrug durch Odysseus im Streit um Achills Rüstung in einem von Athene geschickten Wahn Selbstmord, indem er sich in sein eigenes Schwert stürzt.

869 *liebes Herz:* eine auf Homer zurückgehende gräzisierende Selbstanrede.

881 *berückt:* ursprünglich aus dem Bereich der Jagd und des Vogelfangs herkommender Ausdruck: mit einem Netz an das Opfer heranrücken; Goethe verwendet das Wort in ebendieser ursprünglichen Bedeutung, da Agamemnon tatsächlich mit einem Netz gefangen und dann getötet wird.

892f. *Vom Bad ... stieg:* Zugunsten der straffen Versfassung lässt Goethe hier eine syntaktische Unstimmigkeit zu: »Vom Bad« bezieht sich korrekt nur auf »erquickt und ruhig«, schließlich aber auch auf »stieg«.

894–900 *Warf die Verderbliche … Fürst:* Der Bericht über den Mord an Agamemnon findet sich im *Agamemnon* des Aischylos, wo Klytämnestra ihn erzählt – allerdings ohne den Hinweis darauf, dass Ägisth den Mord begangen habe: Dies ist eine Änderung Goethes.

898 *entwickeln:* im Sinne von ›herauswickeln, sich befreien‹.

904 *einer alten Rache tief Gefühl:* Ägisth und Agamemnon, beide aus dem Geschlecht des Tantalus, vollziehen aneinander den alten Fluch: Agamemnon hatte Ägisths Vater Thyest vom mykenischen Thron gestürzt, jetzt rächt sich Ägisth für den Mord an seinem Vater, indem er den Vetter erschlägt.

908–917 *Nach Aulis … umschlang:* Pylades' Bericht über Iphigenies Opferung in Aulis desillusioniert Iphigenie zusehends: Bisher hatte sie glauben können, die Opferung sei auf Befehl der Diana geschehen; Agamemnon als den Betreiber hinter dem Geschehen zu erkennen, erschüttert sie.

Dritter Aufzug. Erster Auftritt

939 *Folgerin:* Nachfolgerin.

942 *Herd der Vatergötter:* Goethe mischt hier Römisches in die griechisch-mythologische Handlung: Im antiken Rom wurden die Bilder der Familien- und Hausgötter, die in etwa den so genannten Penaten entsprechen, in der Nähe des Herdfeuers aufgestellt.

952 *kennen:* im Sinne von ›erkennen‹.

963 *Ilions:* (griech.) Trojas.

966 *seiner Frauen:* veralteter Gen. Sing., auf den Goethe hier um des Metrums willen zurückgreift.

968 *Tantals Enkel:* Thyest und Atreus.

972 *Kindeskindern:* wörtlich genommen inkorrekt: das wä-

ren nämlich Ägisth, Orest und Iphigenie – und von der Rache Orests weiß Iphigenie noch nichts. Daher wohl korrekter verstanden im allgemeineren Sinne von ›Nachkommen‹, was auch die Prosafassungen nahelegen: »und jedem ihrer Kinder wieder einen Mörder zur ewigen Wechselwut erzeugt!«

980 *Avernus:* Wieder mischt Goethe Römisches ein: Der Averner See bei Neapel galt bei den Römern als Eingang zur Unterwelt; die Metaphorik des Netzes, mit der Iphigenie über den befürchteten Tod ihres Bruders spricht, spielt auf den Tod ihres Vaters an.

996 *weder Hoffnung, weder Furcht:* im Sinne von ›weder Hoffnung noch Furcht‹; »weder« wird aus metrischen Gründen wiederholt.

1003–38 *So haben mich … Sohneshand:* In Orests Bericht vom Mord an seiner Mutter folgt Goethe einerseits der Darstellung des Handlungsablaufs in den *Choephoren* des Aischylos und den *Elektra*-Dramen bei Sophokles und Euripides, andererseits modifiziert er deutlich die Rolle Elektras: Nur hier wird sie zur treibenden Kraft, die Orest zum Muttermord motiviert; für sie ist dieser die Rache für die schmachvolle Erniedrigung durch Ägisth und Klytämnestra nach dem Mord an Agamemnon. Neben die durchaus psychologische Motivation des Muttermordes (vgl. Anm. zu V. 615–627) und diejenige durch göttlichen Auftrag (vgl. V. 707–711) tritt also zusätzlich noch die äußere Motivation durch die Schwester – eine eventuelle Hemmschwelle gegenüber der Untat wird damit überschreitbar.

1005 *Höhlenreich:* Obwohl manche Neudrucke der *Iphigenie* hier »Höllenreich« schreiben, ist aus den Prosafassungen »Höhlenreich« konsequent abzuleiten: »unfruchtbare klanglose Höhlen« (1779, 1781) und »unfruchtbare, klanglose Höhlen« (1780).

1011 *Schwäher:* veraltet für ›Schwiegervater‹ und, wie in diesem Falle, ›Schwager‹.

1017 *Unversehen:* im Sinne von ›unversehens, unerwartet‹,
wie noch im 19. Jh. gebräuchlich.

1024 *der Mutter heil'ger Gegenwart:* die natürliche Verehrung des Sohnes für die Mutter, hier als überwindbarer
Rest einer psychologischen Hemmschwelle gegenüber
der Untat des Muttermordes.

1029 *ahndungsvollen:* ahnungsvollen; *ahnden* wurde seit
Klopstock in der Literatursprache des späteren 18. Jh.s
an Stelle von *ahnen* gerne gebraucht.

1035 *stiefgewordnen Mutter:* Durch den Tod des Vaters und
die neue Verbindung mit Ägisth wurde Klytämnestra
nach griechischem Rechtsverständnis gegenüber ihren
leiblichen Kindern zur Stiefmutter; die Gefahren, die von
ihr ausgehen mögen, hat Elektra bereits in der eigenen Erniedrigung erfahren, für Orest stehen sie zu befürchten.
warteten: warten mit Genitiv-Objekt (»der Geschwister«, V. 1034) im Sinne von ›erwarten‹ mit Akkusativ-
Objekt: Gefahren, die die Geschwister erwarteten.

1036 *jenen alten Dolch:* Das Motiv einer im Geschlecht der
Tantaliden mit dem Verwandtenmord fluchhaft verbun-
denen Waffe fügt Goethe erst in der jambischen Fassung
dem Stoff hinzu; in der antiken Überlieferung unbe-
kannt.

1039–49 *Unsterbliche ... sollte?:* Iphigenie tritt hier aus
dem Dialog mit Orest heraus und kehrt erst mit dem
»Sage mir« (V. 1049) zu ihm zurück; eine erwartbare Re-
giebemerkung (etwa: »zur Seite«, »für sich«) lässt Goethe
aus, recht typisch für das Verfahren seiner dramatischen
Texte, deren dramaturgische Anweisungen sehr häufig
aus dem Kontext bzw. aus dem gesprochenen Text er-
schlossen werden müssen (in der *Iphigenie* vgl. etwa die
Umarmung Orests durch Iphigenie, die sich nur aus dem
Haupttext erschließen lässt; vgl. zu diesem dramaturgischen Verfahren Goethes speziell im *Faust II* Karl Eibl,
Das monumentale Ich – Wege zu Goethes ›Faust‹, München 2000, S. 162 ff.).

1053 *Der Mutter Geist:* Halbvers (wie V. 1081 und 2174);
diese Halbverse sind keinesfalls das Ergebnis dichterischer Nachlässigkeit, sondern äußerst präziser Planung:
sie stehen an entscheidenden Stellen und laden damit zur
Deutung ein – vor allem auch des Verhältnisses von
Form und Gehalt; lakonisch weist Goethe in einem Brief
an Herder auf die Halbverse hin: »Einige halbe Verse
habe ich gelassen, wo sie vielleicht gut tun, auch einige
Veränderungen des Silbenmaßes mit Fleiß angebracht«
(31. Januar 1787).

1052–59 *Wie gärend ... Höhlen:* Orest liefert hier ein anschauliches Bild für die Erweckung der Erinnyen (»der
Nacht uralten Töchtern«, V. 1054) durch die blutige Tat.

1060 f. *ihre Gefährten, / Der Zweifel und die Reue:* Die
Rachegöttinnen, die bei Goethe nicht mehr leibhaftig auf
der Bühne erscheinen, werden, unter Hinzufügung der
psychologischen Folgeerscheinungen einer Untat, Zweifel und Reue, letztendlich selber psychologisiert; die ehemals mythischen Mächte stehen hier nur noch in bildlicher Rede für die psychologischen, wie es tendenziell
schon bei Euripides im Unterschied zu Aischylos geschehen war.

1062 *Acheron:* einer der Flüsse in der Unterwelt, über die
der Fährmann Charon die Seelen der Verstorbenen übersetzt.

1068 *ein alter Fluch:* Das Motiv der zu »Unterird'schen«
verbannten Erinnyen ist eine nicht aus der antiken Überlieferung stammende Vorstellung; in den *Eumeniden* des
Aischylos wurde ihnen sogar eine notwendige politisch-
erzieherische Funktion in der Polis zugeschrieben. Goethe verstärkt hier in freiem Umgang mit dem mythologischen Stoff die Charakterisierung der Erinnyen als »Unterird'sche«.

1081 *Sei Wahrheit!:* Halbvers; vgl. Anm. zu V. 1053. Dieser
Halbvers steht praktisch in der Mittelachse des Schauspiels: Wahrheit als Wahrhaftigkeit ist ein wesentliches

handlungstreibendes Moment in Goethes Schauspiel und
wird durch den Halbvers hervorgehoben; gleichzeitig
entzieht sich hier der abstrakteste moralische Programm-
begriff des Schauspiels der »Beugung unters Joch des
fünfhebigen Jambus« (vgl. Goethes Brief an Herder vom
14. Oktober 1786), versagt sich letztlich der klassizistischen Versifizierung.

1094 f. *Erfüllung, schönste Tochter / Des größten Vaters:*
Die Prosafassungen hatten mit der Formulierung »der
Gnade, der schönsten Tochter Jovis« den angesproche-
nen Vater, also Zeus, eindeutig identifizierbar gemacht;
eine seiner Töchter ist Charis, die Göttin der Gnade und
schenkenden Gunst, die Zeus mit Eurynome gezeugt
hatte. Goethe setzt hier in der Versfassung »Erfüllung«
statt »Gnade«, um christliche Konnotationen (göttlicher
Gnade) zugunsten einer deutlichen Antikisierung zu-
rückzudrängen.

1115 f. *den Schatten / Des abgeschiednen Freundes:* Hier
könnte Achill gemeint sein, dem Iphigenie freundschaft-
lich verbunden war und dem sie in Aulis vermählt werden sollte – so der Vorwand, sie dortselbst an den Opferaltar zu locken (vgl. Hederich, Artikel »Iphigenie«, in
vorliegendem Band S. 42 ff.); die Prosafassungen hatten
unpräziser formuliert: »das Gespenst eines geschiedenen
Geliebten« – diese relative Ungenauigkeit könnte auch
für die Jambenfassung übernommen werden, da Iphigenie ja in den vorhergehenden Szenen über den Tod so
mancher »Freunde« in Kenntnis gesetzt worden ist.

1126 *der immer Wachen:* ein weiterer Übername der
Erinnyen (vgl. Anm. zu V. 581).

1151/53 *sich … verglimmen:* mit Reflexivpronomen eine
Neuprägung Goethes.

1054 *Höllenschwefel:* Goethe mischt hier eine eigentlich
christliche Vorstellung unter.

1156 *Räucherwerk:* Material zur Herstellung von (Weih-)
Rauch beim Opfervorgang.

1160 *Schreckensgötter:* die Erinnyen.

1162 f. *Schleicht ... Glieder?:* Iphigenie vergleicht den anscheinend fühllosen Zustand Orests gegenüber der (ihm noch nicht ausdrücklich offenbarten) Anwesenheit der Schwester mit der mythischen Versteinerung, die nach antiker Vorstellung denjenigen betraf, der eine der drei schrecklich anzusehenden Gorgonen (Medusa, Euryale, Stheno) erblickte.

1176 *Kreusas Brautkleid:* Orest versteht sich selber als derart mit dem Tantaliden-Fluch ›infiziert‹, dass er meint, von ihm gehe dieselbe verderbliche Wirkung aus wie von dem Brautgewand der Kreusa (in Euripides' *Medea* heißt sie Glauke): Die Tochter des korinthischen Königs Kreon erhielt zu ihrer Hochzeit mit Iason von Medea ein Kleid, das beim Anlegen in unauslöschlichen Flammen aufging und sie verbrannte.

1178 f. *Wie Herkules ... sterben:* Orest identifiziert sich, wiederum über das mythische Bild eines todbringenden Gewandes, mit Herakles (lat. Herkules): Aus Rache für seine Untreue, die er mit Iole als Zweitfrau begehen will, erhält Herakles von seiner Gattin Deianeira ein vergiftetes Gewand, dessen todbringende Wirkung er nur dadurch verkürzen kann, dass er sich auf dem Berg Oita selbst verbrennt. Bezeichnenderweise identifiziert sich hier der ›Melancholiker‹ Orest mit Sterben und Tod des Herakles, im Gegensatz zu seinem Freund Pylades, dessen Selbstbild eher dem durch große Taten sich auszeichnenden Herakles entspricht (vgl. Anm. zu V. 747 f.).

1188 *Lyäens Tempel:* Der griechische Gott Dionysos (lat. Bacchus) hatte als Beinamen den von griech. λυειν ›lösen‹ abgeleiteten Namen Lyaios, ›der (Sorgen-)Lösende‹; während der Feste zu Ehren des Gottes versetzten sich seine Anhänger in einen ekstatisch-begeisterten Rausch jenseits aller Vernunfthandlung – und hiermit identifiziert Orest die ihm unverständlich erscheinende emotionale Zuwendung Iphigenies: »Unbändig-heil'ge Wut« (V. 1189).

1197 *vom Parnass die ew'ge Quelle:* Am Fuß des griechischen Gebirges Parnassos liegt Delphi (vgl. Anm. zu
V. 723), die Kult- und Orakelstätte Apolls; diesem Gott
und den Musen ist das ganze Gebirge geweiht, auf dem
der Kastalische Quell entspringt, in dessen schnell be-
wegter Welle die Musen sich gerne aufhalten.

1201 *Schöne Nymphe:* »Nymphen« hießen in der antiken
Vorstellungswelt von Zeus gezeugte niedere Naturgott-
heiten in Gestalt junger Mädchen, die, im bacchantischen
Gefolge des Dionysos oder auch in jenem der Diana auf-
tauchend, sich gerne schmeichlerisch-entgegenkommend
verhielten; auf diese negative Charakteristik spielt Orest
hier an, Iphigenies Wiedersehensfreude mit dirnenhafter
Zudringlichkeit verwechselnd.

1211 *Weis ihn zurecht:* im Sinne von ›zeige ihm den rechten Weg‹.

1229 *Brudermord:* Anspielung Orests auf die Tötung des
Stiefbruders Chrysippos durch Atreus und Thyest in der
vorletzten Tantaliden-Generation, hier auch verallgemei-
nert als Verwandtenmord zu verstehen, zu dem das Geschlecht des Tantalus verdammt scheint.

1234 *ins dunkle Reich:* in die Unterwelt, in den Prosafassungen deutlicher als »Proserpinens Reich« bezeichnet –
Proserpina wird in der griechischen Mythologie auf Be-
treiben Zeus' und Venus' von Pluto als Gattin in die Unterwelt entführt (Hederich); hier noch Zielpunkt der To-
dessehnsucht Orests; vom folgenden Auftritt aus gesehen,
in dem Orest in einer Vision die eigenen Vorfahren in der
Unterwelt sieht, ist die Charakteristik »dunkel« nur noch
als Ausdruck der Melancholie Orests zu verstehen.

1235 *vom Schwefelpfuhl erzeugte Drachen:* grässliche Un-
wesen in Proserpinas ›Hölle‹.

1240 *Mit solchen Blicken:* In seiner Verblendung identifiziert Orest den schwesterlichen Blick Iphigenies mit
demjenigen, mit dem Klytämnestra ihn vom Muttermord
zurückzuhalten suchte.

1243 *unwill'ger Geist:* der Geist Klytämnestras.

Zweiter Auftritt

1258 *Lethes Fluten:* vgl. Anm. zu V. 113.

1265 *Sohn der Erde:* Im Gegensatz zu den Schatten der Unterwelt, in deren Reich er sich wähnt, deutet Orest sich hier noch als mit einem Rest irdischer Existenz behaftet.

1266 *Gelispel:* im Sinne von ›Geflüster, Rauschen‹ (vgl. Anm. zu V. 458).

1281–1309 *Willkommen ... aufgeschmiedet:* Die elysische Vision der mit sich versöhnten Tantaliden-Familie, die Orest wie eine vorweggenommene Befreiung vom Zwang des alten Fluchs erscheint, drückt sich auch in einer Lockerung der metrischen Struktur aus, der Text wechselt hier zu vierhebigen Versen in freierer Füllung.

1296f. *Auf Erden ... Losung:* »des Mordes« ist Genitiv-Attribut zu »Losung«, d. h., Orest bezieht sich auf die unheilvolle Geschichte der Tantaliden, in welcher der Gruß einem jeden Familienmitglied gegenüber einen bevorstehenden Verwandtenmord angekündigt habe.

1307–09 *es haben ... aufgeschmiedet:* In motivischer Anspielung auf Prometheus, der zur Strafe an einen Felsen angekettet worden war, spricht Orest hier die ebenfalls ewig währende Strafe an, die die Götter dem Ahnherrn Tantalus zugedacht haben.

Dritter Auftritt

1310–16 *Seid ihr auch ... zu grüßen:* Der Auftritt wird ganz eng an den vorigen angeschlossen, indem Orests Monolog im gleichen lockereren Metrum (vierhebige Verse in freierer Füllung) fortgesetzt wird (vgl. Anm. zu V. 1281–1309).

1310 *Seid ihr auch schon herabgekommen?:* Orest meint, erwachend, sich noch in der Traumvision des vorigen Auftritts zu befinden, und spricht überrascht Iphigenie und Pylades als scheinbar auch in die Unterwelt Gekommene an.

1313 *Mit sanften Pfeilen:* In der antiken Vorstellungswelt wurden Krankheit und Tod durch »sanfte Pfeile« des Apollon und seiner Schwester Diana/Artemis verursacht.

1315 *Plutos:* Pluto: der König der Unterwelt.

1317 *Geschwister:* Iphigenie bittet das göttliche Geschwisterpaar Diana und Apoll um die Heilung Orests vom Wahn und damit um die Rettung des irdischen Geschwisterpaares.

1317–19 *die ihr ... den Menschen bringet:* Iphigenie spricht hier Apoll als Gott der Sonne an (setzt ihn also mit dem Sonnengott Helios gleich), Diana wird als Mondgöttin apostrophiert.

1340 *Parze:* römischer Name für die drei Schicksalsgöttinnen, deren erste (Klotho: ›die Spinnerin‹) den Lebensfaden spinnt, den die zweite (Lachesis: ›die Maßnehmende‹) hält und die dritte (Atropos: ›die Unabwendbare‹) abschneidet.

1343–54 *Ihr Götter ... trennt:* Der Beginn der Heilung Orests, sein Austritt aus dem Wahn, wird zunächst durch ein eindrucksvolles (hier metaphorisch zu deutendes) Gewitterbild markiert; Goethe lehnt sich sowohl in der Folge der Naturerscheinungen als auch in deren (metaphysischer) Bedeutsamkeit eindeutig an die Gewitterdarstellung in Klopstocks »Frühlingsfeyer« (1759) an: scheinbare göttliche Drohgebärde im Donner und Sturm, segnender Regen, Staunen und dankende Anbetung des Gläubigen und erneute Bestätigung des göttlichen Gnadenbundes im Regenbogen (»Iris«, V. 1353). Zumal in Anbetracht der Tatsache, dass das Gewitter seit alters als göttlich drohende Gewissensmahnung gedeutet wurde – die in Orests Fall in Gestalt der Erinnyen ihn verfolgte –, kennzeichnet der Abschluss dieses Gewitterbildes im Gnadenbeweis des Regenbogens sowohl die Heilung Orests von den Gewissensqualen als auch die Selbstvergewisserung eines neuen Gnadenbundes mit den Göttern: Hier ist Orest vom Fluch befreit.

1359 *Eumeniden:* griech., ›die Wohlgesinnten‹, euphemistischer Name (um sie nicht herauszufordern) für die Rachegöttinnen, die Erinnyen (vgl. Anm. zu V. 563 f.); an dieser Stelle ist der Euphemismus begründbar: die Rachegöttinnen lassen ab von Orests Verfolgung.

1360 *Tartarus:* Die Unterwelt (vgl. Anm. zu V. 325).

1361 *fernabdonnernd:* Wortneubildung Goethes (vgl. Anm. zu V. 803).

1362 *Die Erde dampft erquickenden Geruch:* Hier schließt Orests Rede an die metaphorische Rede des Gewitterbildes (V. 1343–54) an; »dampft« ist im Sinne von ›atmet aus‹ zu verstehen.

1364 *Lebensfreud und großer Tat:* Die Heilung Orests zeigt sich am deutlichsten im Umschwung vom todessehnsüchtigen Melancholiker zum Tatmenschen, mit dem sich Pylades gleichstellt.

1366 *Der Wind der unsre Segel schwellt:* Pragmatisch denkend verweist Pylades auf die nun notwendige Eile: Das Schiff der Gefährten vor Tauris wartet.

Vierter Aufzug. Erster Auftritt

1369–81 *Denken die Himmlischen … Einen ruhigen Freund:* in der Hinwendung Iphigenies zu der Göttin wechselt das Metrum wieder in den freieren Hymnenvers (vgl. Anm. zu V. 538–560).

1376 *erziehen:* nicht im pädagogischen Sinne gemeint, sondern in der Bedeutung von ›großziehen‹; in den Prosafassungen hieß es unmissverständlich »geben«.

1377 *Stadt:* im Sinne von ›Vaterstadt, Heimat‹.

1389 *ihren:* bezieht sich zurück auf die »Seel« in V. 1386.

1398 f. *Und haben kluges Wort mir in den Mund / Gegeben:* Iphigenie reflektiert hier die ihr vor allem von Pylades zugewiesene betrügerische Rolle bei der Flucht von

Tauris; im Gegensatz zu Euripides lässt Goethe Iphigenie
Instrument der Intrige sein, nicht Mitintrigantin: Damit
ergibt sich für sie die Möglichkeit zur Umkehr in die
Wahrhaftigkeit.

1403 *hinterhalten:* im Sinne von ›verhehlen, hinterhältig
sein, seine Absichten verbergen‹.

1410 *versagend:* im Sinne von ›sich verweigernd‹.

Zweiter Auftritt

1423 *folgte:* Durch den angeschlossenen Konditionalsatz
(»wenn«, V. 1424) wird der Conjunctivus irrealis deutlich.

1428 *vermelde:* altertümlicher und zeremonieller Redestil,
den Arkas gegenüber der Priesterin gebraucht; im Sinne
von ›melde‹ zu verstehen.

1437 *mit meinen Jungfraun:* Die jungfräulichen Tempel-
dienerinnen sind bei Euripides als nach Tauris verschla-
gene Griechinnen kenntlich gemacht und treten als Chor
auf; hier wird lediglich auf sie angespielt, Goethe verlässt
nie die strenge Symmetrie seiner dramatischen Person-
nage.

1438 *Der Göttin Bild mit frischer Welle netzend:* In ihrer
Notlüge Arkas gegenüber lässt Iphigenie die rituelle Reinigung des Dianen-Bildes als notwendig erscheinen; bei
Euripides werden zudem Orest und Pylades dieser Reinigung unterzogen – ein billiger Vorwand für die Flucht
(vgl. Euripides' *Iphigenie*, V. 1145).

1443 *eh:* abgekürztes *eher.*

1448 *Erdringe:* im 18. Jh. noch gebräuchlich im Sinne von
›erzwinge‹.

1455 *Denn du hast nicht des Treuen Rat geachtet:* Arkas
erinnert Iphigenie an seinen Rat, Thoas' Gemahlin zu
werden (V. 156–163).

1459 *Du hältst unmöglich:* Aus metrischen Gründen ist die
Präposition *für* entfallen, veralteter Sprachgebrauch.

Dritter Auftritt

1511 *eine Wolke wieder:* Iphigenie vergleicht die Freude angesichts des Wiedersehens mit dem Bruder und die Aussicht auf Rettung (zunächst durch Pylades' List) mit der Rettung vom Altar zu Aulis.

1517 *einziger:* im Sinne von ›übermächtiger, ausschließlicher‹.

Vierter Auftritt

1536 *Dein Bruder ist geheilt!:* Das Motiv der Heilung (von der seelischen Krankheit der Melancholie) ersetzt erst in der Versfassung die Reste der mythischen Verfolgung durch die Erinnyen – das Mythische der Orest-Handlung ist damit in hohem Maße psychologisierend umgedeutet.

1545 *Dich seine Retterin:* Die leibliche Schwester ist in der Jambenfassung für die Heilung Orests verantwortlich, nicht mehr »der schnellen Retter gnädig Walten« (Prosafassung 1781), also die Götter; damit tritt neben die Psychologisierung des Mythischen auch seine Übertragung ins Menschliche, Irdische.

1558 *lispelnd:* im Sinne von ›flüsternd‹, hier ›leise rauschend‹ (vgl. Anm. zu V. 458 und 1266).

1576 *Die seltne Feier:* die vorgeblich notwendige rituelle Waschung des Göttinnenbildes.

1597 *Gehört:* im Sinne von ›gebührt‹.

1605 *die Bedingung fromm erfüllen:* Pylades deutet das apollinische Orakel noch in dem Sinne, dass das Dianen-Bild von Tauris nach Griechenland zu entführen sei.

1609 *Felseninsel die der Gott bewohnt:* Missverständnis oder Verwechslung auf Seiten Goethes: Delphi liegt auf dem Festland der Peloponnes (vgl. Anm. zu V. 1197), ist also keine Insel; allerdings wurde Apoll der Überlieferung nach auf der Insel Delos geboren, sodass eine Verwechslung nahe liegt.

1612 *Vatergötter:* römische Vorstellung der Haus- und Fa-
miliengötter (vgl. Anm. zu V. 942).

1617 *Entsühnst den Fluch:* Pylades betont hier die Bedeutung der Erfüllung des Orakels (in Bezug auf das Dianen-Bild) für die Aufhebung des Tantaliden-Fluchs; in
den Prosafassungen war die Deutung in die Zukunft gerichtet: »wendest durch deine unbescholtne Gegenwart
den Segen auf Atreus' Haus zurück«. Das Motiv der
Entsühnung ist allerdings nicht neu in der Jambenfassung: Schon in der Prosafassung von 1779 sagt Iphigenie
in V,3 zu Thoas: »Laß mich mit reinen Händen [...] hinüber gehen, und unser Haus entsühnen«.

1624 *Gewisse:* im Sinne von ›selbstsichere, unbezweifel-
bare‹.

1625 *still versinkt:* bezieht sich, syntaktisch eigentlich un-
stimmig angeschlossen, auf den »Einsamen«.

1637 *Fürchte nicht!:* verkürztes *Fürchte dich nicht!.*

1646 *entschuldigt's:* Da »entschuldigt« sich sowohl auf das
unpersönliche »es« als auch auf das »dich« in V. 1647 bezieht, syntaktisch also unklar zugeordnet ist, korrigierte
Goethe den Vers für die späteren Druckfassungen immer
zu »die Not entschuldigt«.

1656 *dies Geschlecht:* die Menschen.

1663 *schätzt:* im Sinne von ›einschätzt‹.

1672 *dein:* im 18. Jh. noch üblicher verkürzter Genitiv (im
Objekt zu *warten*).

1676 *Ein falsches Wort nicht einmal opfern willst:* Pylades
ersetzt hier in einer euphemistischen Umschreibung der
notwendigen Lüge Iphigenies das vom König verlangte
Menschenopfer durch die Aufopferung von Iphigenies
Wahrhaftigkeit.

1680–84 *die eh'rne Hand ... Schwester:* Die »Not«, in den
Prosafassungen deutlicher als zwingende »Notwendigkeit« bezeichnet, wird hier personifiziert dargestellt: Pylades identifiziert »des ew'gen Schicksals unberatne
Schwester« mit der übergöttlichen Macht der Ananke,

der und deren Schwester Tyche (›Schicksal‹) selbst die
Götter Gehorsam leisten müssen.

1688 *Der Rettung schönes Siegel:* das Bildnis der Diana, auf
das hin Pylades das Orakel Apolls auslegt, das das bestä-
tigende »Siegel« der Rettung darstellt; darüber hinaus
kann »Siegel« auch als stilistische Antikisierung verstanden werden: lat. bedeutete *sigillum* auch ›kleines Bild,
kleine Statue‹.

Fünfter Auftritt

1694 *Soll dieser Fluch denn ewig walten?:* Iphigenie interpretiert in dieser nur in der Jambenfassung vorkommen-
den Frage auch den geplanten listigen Betrug an Thoas
sowie den Bildraub im Kontext des Tantaliden-Fluchs,
der so in den Bereich aller unmoralischen Handlungen
ausgeweitet und umgedeutet wird (vgl. V. 1708–11).

1706 *Port:* eingedeutscht aus lat. *portus* ›Hafen‹; schon in
der dichterischen Sprache des Barock auch im Sinne von
›Zufluchtsort‹ gebraucht.

1707 *Laster:* im Sinne von ›Untat, Vergehen‹.

1713f. *Titanen, / Der alten Götter:* in der griechischen
Vorstellungswelt die Göttergeneration vor Zeus und den
anderen olympischen Gottheiten, die von diesen ent-
machtet und in die Unterwelt verbannt wurde; die Auseinandersetzung zwischen Titanen und den Olympiern
ist etwa im Kampf zwischen Prometheus und Zeus prä-
sent, auf welchen das Bild der »Geierklauen« (V. 1716)
anspielt: damit gemeint ist der Adler des Zeus, der dem
zur Strafe ewig angeketteten Prometheus die Leber fraß,
die täglich nachwuchs.

1716 *Geierklauen: Geier* war im Sprachgebrauch des
18. Jh.s eine Sammelbezeichnung für alle großen Raub-
vögel (vgl. Goethes Gedicht »Auf dem Harz im Dezember 1777«: »Dem Geyer gleich …«).

1722 *Sie litten mit dem edlen Freunde:* Goethe ordnet sowohl die Parzen (V. 1720; vgl. Anm. zu V. 1340) als auch

Tantalus den Titanen zu (vgl. Anm. zu V. 1713 f.): Das
Mitleid der Parzen mit Tantalus ist also gleichsam Fami-
liensolidarität im Widerstand gegen die verhassten olympischen Götter; in ihrer Ratlosigkeit gegenüber dem
möglichen Ratschluss der Götter erinnert sich Iphigenie
an das Lied der »Parzen« ihrer Kindheit, in dem dieser
Widerstand gegen die Olympier zum Ausdruck kommt.

1725 *ich merkt es:* Aus metrischen Gründen ist der Satz
um das »mir« verkürzt.

1726–66 *Es fürchte … das Haupt:* Das »Parzenlied« verlässt den Blankvers zugunsten eines möglicherweise an
Herder und Klopstock orientierten zweihebigen Verses.
Wie am Übergang zwischen Aufzug I/II und III/IV wird
auch hier am Schluss des 4. Aufzugs der metrische Wechsel nachgeahmt, der in der antiken Tragödie den Wechsel
von der dramatischen Handlung zum Chorlied markierte
(vgl. zum »Parzenlied« die Gegenüberstellung der drei
früheren Fassungen des Schauspiels im Abschnitt »Varian-
ten«, S. 80 ff.).

1734 *Klippen:* im Sinne von ›Felsen‹, also auch auf dem
Lande befindlich.

1760 *Ahnherrn:* Tantalus.

1765 *Denkt Kinder:* aus metrischen Gründen ist »an« entfallen; vgl. auch Anm. zu V. 601.

Fünfter Aufzug. Erster Auftritt

1773 *irgend:* im Sinne von ›irgendwo‹.

1782 *wie ihr pflegt:* im Sinne von ›wie ihr zu tun pflegt‹.

Zweiter Auftritt

1784 *hielt:* im Sinne von ›hielt für‹ (vgl. Anm. zu V. 1459).

1803 *alt verjährtes Eigentum:* »verjährt« nicht in heutiger
juristischer Bedeutung, sondern neutral bis positiv im
Sinne von ›langjährig, durch Gewohnheit zum Eigentum
geworden‹.

Dritter Auftritt

1806 *an Arkas ... erzählt:* veraltetes Präpositionalobjekt bei *erzählen*.

1815 *Gegenwart:* nicht im Sinne einer Zeitbestimmung zu lesen, sondern in der Bedeutung von ›Person, Persönlichkeit‹.

1816 *sinnt den Tod:* Aus metrischen Gründen fällt hier die Präposition *auf* (*auf etwas sinnen*) weg.

1822 *Agamemnons Tochter:* In ihrem Widerstand gegen Thoas' Befehle beruft sich Iphigenie hier auf ihren Geburtsstand als Ebenbürtige, als Königstochter und »Fürstin« (V. 1824).

1838 *für:* im Sprachgebrauch des 18. Jh.s mit *vor* weitgehend austauschbar; die Druckfassungen ab 1807 schreiben »vor«.

1845 *In ihnen:* in den zur Opferung bestimmten Gefangenen.

1867 *hält:* im Sinne von ›hält für‹ (vgl. Anm. zu V. 1549).

1868 *Trutz:* Trotz.

1871 *Bald:* im Sinne von ›schnell‹.
verspätet: im 18. Jh. als transitives Verb noch im Sinne von ›verzögert‹ gebräuchlich.

1872 *der Gewaltige:* im Sinne von ›der Gewalttätige, derjenige, der Gewalt einsetzt‹ (vgl. Anm. zu V. 328).

1878 *abzutreiben:* im 18. Jh. im Sinne von ›abzuwehren‹ gebräuchlich.

1880 *den anmut'gen Zweig:* Iphigenie spielt hier auf den antiken Brauch an, zum Zeichen der Bitte oder des Schutz- oder Hilfe-Erflehens einen mit weißer Wolle umwundenen Lorbeer- oder Ölzweig bei sich zu tragen.

1896 *immer wiederholenden Erzähler:* Die griechischen Rhapsoden, von Ort zu Ort fahrende Sänger, trugen immer wieder die gleichen Dichtungen vor.

1898–1903 *Der in der Nacht ... mit Beute kehrt:* In der Selbstvergewisserung über die Risiken ihrer mittlerweile geplanten Wahrhaftigkeit gegenüber Thoas vergleicht

Iphigenie sich mit Odysseus und Diomedes beim heimlichen Überfall auf das trojanische Kriegslager (Homer, *Ilias* X,463 ff.).

1899 *überschleicht:* veralteter Sprachgebrauch, der *beschleichen* und *überfallen* zusammenzieht; in der Prosafassung von 1781 heißt es: »Der einsam in der Nacht ein Heer überfällt«.

1904–07 *Wird der allein … Gegend säubre?:* Im gleichen Sinne führt Iphigenie die Theseus-Überlieferung an, die Gefahren, die dem Helden auf seinem Weg nach Athen etwa durch Wegelagerer entstanden.

1916 *Euch leg ich's auf die Kniee:* gräzisierender Ausdruck, der sich direkt aus den Homer-Übertragungen des späten 18. Jh.s ergibt; im Sinne von ›Euch (Götter) bitte ich um Entscheidung‹.

1916–19 *Wenn … Wahrheit!:* Iphigenies Zuwendung zu den Göttern bekommt hier den Charakter eines Vertragsabschlusses; die Wahrheitsliebe der Götter wird als Unterpfand dafür interpretiert, sich und die Gefährten durch die eigene Wahrhaftigkeit gegenüber Thoas gerade *nicht* in Gefahr zu bringen – ein selbstsuggestives Argument, das Iphigenie schließlich zum Geständnis gegenüber Thoas bringt.

1928–35 *Apoll … Tantals Haus:* Von Pylades nur knapp (und immer im Lichte seiner eindeutigen Auslegung des Orakels) ins Bild gesetzt (vgl. V. 722 und 1605), liefert Iphigenie hier ein schiefes Bild des apollinischen ›Auftrags‹: dieser wird zugespitzt auf den Raub des Diana-Bildes im taurischen Tempel; damit wird natürlich Spannung erzeugt, einmal im Hinblick auf den tatsächlichen Wortlaut des Orakels (Orest spricht es aus: V. 2112–15) und seine mögliche andere Deutung, zum anderen mit Blick auf Thoas, der dem Raub eines Kultgegenstandes von seiner Insel niemals zustimmen könnte.

1936 *darfst:* dürfen: zusätzlich zur heute geläufigen Bedeutung von ›(moralisch) erlaubt sein‹ im 18. Jh. auch im Sinne von ›bedürfen, nötig haben‹ gebräuchlich.

1937 *Der rohe Skythe, der Barbar:* Ironisch bezieht sich hier der taurische König auf den griechischen Anspruch auf zivilisatorische Überlegenheit – ähnlich wie Arkas in I,2 (V. 164 ff.) und Thoas selbst in V. 501. Ironisch gebrochen wird dieser griechische Anspruch bei Goethe zumal im Hinblick darauf, dass die »Griechen« in der *Iphigenie* alle aus einer durch die barbarischsten Untaten sich auszeichnenden Familie entstammen – worauf Thoas explizit verweist: »Atreus« (V. 1938).

1953 *künstlich-dichtend:* im an der althergebrachten Bedeutung von *dichten* orientierten Sinne ›geschickt und listig erdenkend, erfindend‹.

1957–59 *Ich könnte … fallen:* Die Prosafassung von 1781 lässt Iphigenies Argument deutlicher werden: »ich könnte hintergangen werden, diesmal bin ichs nicht. Wenn sie Betrüger sind, so laß sie fallen«.

1965 *seiner Frauen:* altertümlicher Gen. Sing.

1970–72 *Wenn zu den Meinen … zu lassen:* Iphigenie erinnert Thoas an sein in I,3 gegebenes Wort: vgl. V. 293 f.

1973 *gemeine:* im Sinne von ›gewöhnliche‹, ohne die abwertende Bedeutung des heutigen Sprachgebrauchs.

1974 *Verlegen:* für die Erfordernisse des knappen fünfhebigen Verses stark verkürzte Bedingungsangabe, zu verstehen im Sinne von: ›ein König, für den Fall, dass er in einer Verlegenheit ist, sagt nicht zu …‹.

1980 *gischend:* im Sinne von ›aufbrausend, sprühend, aufschäumend‹.

Vierter Auftritt

vor 1993 *Orest (nach der Szene gekehrt):* Orest kehrt auftretend dem Publikum den Rücken zu, d. h., er blickt auf die Kulisse, die »Szene«.

2001 *Volke:* in ursprünglicher Bedeutung im Sinne von ›Heerschar, Kriegsvolk‹.

2011 *horche:* im Sinne von ›gehorche‹.

Fünfter Auftritt

2023 *Beschädige:* beschädigen: im 18. Jh. auch in Bezug auf Personen gebräuchlich, im Sinne von ›Schaden zufügen, verletzen‹, hier auch ›angreifen‹.

Sechster Auftritt

2029 *Billigkeit:* Rechtmäßigkeit, Angemessenheit.

2035 *dieser Bruder:* Genitivkonstruktion, verkürzt aus *dieser Frau Bruder*.

2041 f. *Wähl einen … gegenüber:* Nach der listig-modernen Konfliktlösungsvariante, die Pylades mit dem Betrug der Taurer bevorzugte, und der mythischen, die Thoas' Insistieren auf dem Opfer darstellt, repräsentiert Orest mit seinem Vorschlag die heroische Lösung: den heldenhaften Zweikampf. Wie die beiden vorigen kommt auch dieser Vorschlag letztlich nicht zur Realisation: listiger Betrug, Menschenopfer und Zweikampf, als grundsätzlich ›tragische‹ Konfliktlösungsstrategien, werden durch Iphigenies Vorgehen abgelöst – womit schließlich das Tragische aufgehoben wird.

2050–57 *Und lass … hinweg!:* gegenüber den Prosafassungen eine entscheidende Ausweitung von Orests Vorschlag in der Jambenfassung, der heroische Zweikampf wird über das bloß Individuelle hinaus zu einem ›Stellvertreterkampf‹ umgedeutet: Orest beansprucht mit einem möglichen Sieg auch die Aufhebung des mythischen Menschenopfer-Gebotes für alle Fremden, die in Zukunft auf Tauris landen.

2068 *Er falle gleich:* »gleich« erscheint hier nachgestellt in der syntaktischen Position eines Konzessiv-Partikels: ›gleich / wenn er fällt‹.

2082–86 *Sieh hier … deutete:* Dieses erste der körperlichen Erkennungszeichen Orests ist eine Erfindung Goethes, ebenso wie seine Deutung durch den Priester.

2086–91 *Dann überzeugt … Er ist's:* Das zweite Erkennungszeichen, die Schramme, übernimmt Goethe aus Euripides' *Elektra*, wo allerdings nicht Elektras Unvorsich-
tigkeit das Kind auf einen Dreifuß aufschlagen ließ, sondern Orest sich die Verletzung auf einer gemeinsam mit
Elektra veranstalteten Jagd nach einem Hirschkalb zuzog.

2091 *Dreifuß:* ein bei Griechen und Römern gebräuchliches dreibeiniges Kochgestell, das sowohl im Haushalt
wie kultischen Leben Verwendung fand.

2103 *Den fernen Schützen der Barbaren:* Wiederum in Anspielung auf die angebliche zivilisatorische Überlegenheit
der Griechen (vgl. V. 164 ff., 501, 1938) thematisiert Thoas die gar nicht zivilisierte griechische Begierde nach den
Schätzen der sogenannten Barbaren; gerade die Skythen
waren für ihre feinen und reichen Goldarbeiten bekannt.

2104 *Dem goldnen Felle:* Das so genannte Goldene Fell
oder Vlies raubten der Sage nach Iason und die Argonau-
ten, unter tatkräftiger Mithilfe von Herakles und Odysseus, aus Kolchis, am Schwarzen Meer (und damit in der
Nähe von Tauris) gelegen; einem anderen Sagenkreis zufolge gehört das Goldene Vlies unmittelbar zum Tantaliden-Geschlecht: Atreus, der das beste Tier seiner Herde
Artemis zu opfern gelobt hatte, betrügt die Göttin, als
ein goldenes Lamm auftaucht: das Fleisch opfert er, das
Fell hält er zurück; Artemis übergibt strafend seinem
Bruder Thyest das Fell, der so seinen Anspruch auf den
mykenischen Thron behaupten kann. Dieser zweite Sagenkreis allerdings kann für Goethe nicht maßgeblich gewesen sein, da das Goldene Vlies in Thoas' Aufzählung
›barbarischer‹ Reichtümer fehl am Platze wäre.

2105 *sie:* die Griechen; bezieht sich grammatikalisch auf
»Der Grieche« in V. 2102, in den Prosafassungen stand
hier der Plural.

2113–15 *Bringst du … der Fluch:* Orest zitiert hier endlich
den Wortlaut des Orakels, den Pylades bisher nur in Pa-
raphrase und in zu großer Eindeutigkeit wiedergegeben

hatte (vgl. V. 722, 1605, 1617, 1688) – und dieser Wortlaut macht, eine Erfindung Goethes, das Orakel neu auslegbar; es wird auf Menschen hin auslegbar, humanisiert,
bleibt aber göttliches Orakel.

2116 *Apollens Schwester:* Diana/Artemis.

2117–19 *Die strengen Bande ... geschenkt:* Der Fluch,
der auf Orest lastete, ist mit seiner Heilung in III,3
schon aufgehoben worden; Orest weitet hier die Erfüllung des Orakels auf die ganze Familie aus – wenngleich
er in den nächsten Versen zunächst nur die Wirkung
Iphigenies auf die eigene individuelle Heilung anspricht
(V. 2119–26).

2127–30 *Gleich ... des Hauses:* Orest vergleicht die
Schwester mit dem Bilde der städtischen Schutzgöttin,
dessen Anwesenheit im Tempel der antiken Vorstellung
zufolge Segen und Schutz für die Stadt gewährte; damit
wird einerseits die Lösung des Fluchs für das gesamte
Tantaliden-Geschlecht bezeichnet (vgl. V. 2136f.), andererseits geschieht die zunehmende Sakralisierung Iphigenies durch ihren Bruder komplementär zur Humanisierung bzw. Säkularisierung der Orakeldeutung.

2139 *die alte Krone:* Goethe mischt mittelalterliche Kö-
nigsvorstellungen unter: In der Antike ist die Krone kein
Zeichen der Königswürde.

2141 *des nähern Rechtes:* Im Gegensatz zum taurischen
König hat der Bruder und mykenische König, durch
Heilung und Erfüllung des Orakels legitimiert, ein na-
türliches Recht auf die Anwesenheit Iphigenies.

2166 *geben:* Wunschform des Konjunktivs (Optativ): mögen geben.

2174 *Lebt wohl!:* Die Formel, mit der Iphigenie Thoas verabschiedet (V. 2168) und die er dann wiederholt, war im
18. Jh. keinesfalls in dem relativ konventionalisierten
heutigen Sinne zu verstehen; das »wohl« (als Adverb zu
gut) ist wörtlich zu verstehen und macht aus dem Ab-
schiedswort des taurischen Königs einen tatsächlichen
Abschiedssegen.

II. Stoff und Quellen

Der Urahn des Geschlechtes, aus dem Iphigenie und Orest entstammen, und gleichzeitig der schuldhafte Verursacher des Familienfluchs, unter dem beide leiden, ist Tantalus. Nach Angaben des römischen Mythenschreibers Hyginus (um 60 v. – um 10 n. Chr.), der in seinen *Fabulae* (82–88) die Geschichte Tantals erzählt, ist dieser der Sohn des Zeus und der Pluto. Zeus unterhielt zunächst freundlich-väterliche Beziehungen zu ihm, ließ ihn sowohl am Mahl der Götter als auch an seinen Plänen die Erde betreffend teilhaben. Nachdem Tantalus diese den Menschen verrät, verbannt Zeus ihn auf ewig in die Unterwelt, unablässig hungernd und dürstend und dazu von einem über ihm hängenden Felsen bedroht. Die bei Hederich im Blick auf den generationenüberdauernden Fluch besonders bewertete (und im Mythos übermittelte) Tat des Tantalus spart Goethe in der Nacherzählung der Familiengeschichte durch Iphigenie aus (vgl. V. 323 ff.): Die Schlachtung des eigenen Sohnes Pelops, den Tantalus den Göttern zum Mahle vorgesetzt habe, um ihre Allwissenheit zu prüfen. – Pelops, von den Göttern wieder ins Leben zurückgerufen, ist in der Folge mindestens in dem Maße verantwortlich für den Familienfluch wie sein Vater – zumindest gemäß der mythologischen Überlieferung: Bei der Werbung um seine Braut Hippodameia, um die er mit deren Vater Oinomaos in einem Wagenrennen kämpft, besiegt er diesen mit List und bringt ihn zu Tode. Oinomaos verflucht Pelops und sein ganzes Geschlecht. Auch diesen Fluch spart Goethe aus (vgl. V. 338 f.) – aus Iphigenies wie auch später aus Orests Perspektive erscheint der Tantaliden-Fluch wie ein nicht mehr nachvollziehbares, irrationales und in seinen Anfängen gänzlich dunkles Schicksal.

Gemeinsam mit Hippodameia zeugt Pelops (mindestens) zwei Söhne, Atreus und Thyest, die den verhassten und au-

genscheinlich von Pelops vorgezogenen unehelichen Halb-
bruder Chrysippos meuchlings ermorden. Pelops entdeckt
die Mittäterschaft seiner Frau – sie tötet sich. Atreus und
Thyest fliehen gemeinsam und herrschen Jahre später in
der Stadt Mykene. Thyest betrügt seinen Bruder mit dessen
Gattin und wird von seinem Bruder verbannt. Aus Rache
dafür schickt Thyestes ihm Pleisthenes, Atreus' Sohn, den
er allerdings an eignen Sohnes statt erzogen hat, mit dem
Auftrag, Atreus zu ermorden. Dieser entdeckt das Kom-
plott frühzeitig, tötet den gedungenen Mörder, entdeckt allerdings zu spät, dass er im vermeintlichen Brudersohn den
eignen umbrachte. Sich zum Schein mit Thyest versöhnend,
kehrt Atreus nach Mykene zurück, tötet zwei Söhne Thy-
ests und setzt sie ihm zum Mahl vor – währenddessen
Atreus Köpfe und Hände der Kinder herbeitragen lässt.
Die katastrophale Bruderzwistgeschichte geht, von Goethe
unberücksichtigt gelassen, noch weiter: Thyest vergewaltigt
seine Tochter, die wenig später von Atreus geheiratet wird
und dann ihres eigenen Vaters Sohn Ägisth zur Welt bringt
– der viel später der Buhler Klytämnestras und Mittäter bei
der Ermordung Agamemnons sein wird. Atreus lässt
Ägisth aufziehen und entsendet ihn als dessen Mörder zu
Thyest – der ihn aber erkennt und den Mordauftrag um-
wendet: Ägisth tötet seinen Ziehvater Atreus.
Dieser hat allerdings zwei Söhne, Agamemnon und Menelaos, die den Vater rächen und Thyest vom mykenischen
Thron vertreiben. Die beiden heiraten ein Schwesternpaar,
Klytämnestra und Helena – die Kinder Agamemnons und
Klytämnestras sind Iphigenie, Elektra und Orest. Um den
Raub der Schwägerin Helena durch den trojanischen Paris
zu rächen, führt Agamemnon das Heer der Griechen gegen
Troja – allerdings verhindern fehlende Winde, von Artemis
(Diana) zurückgehalten, die Abfahrt. Um die Göttin güns-
tig zu stimmen, lockt Agamemnon seine älteste Tochter
Iphigenie unter Vorspiegelung ihrer Hochzeit mit Achill an
den aulischen Strand und opfert sie auf dem Altar der Göt-

tin. Diese allerdings errettet Iphigenie und ersetzt den ge-
opferten Menschenkörper durch den einer Hirschkuh.
Iphigenie wird an den Strand von Tauris versetzt, wo sie als
Priesterin in Dianens Tempel dient.
Agamemnon führt das Heer der Griechen gegen Troja –
schließlich erfolgreich. In seiner Abwesenheit aber verbindet sich Klytämnestra, wegen der Opferung der Tochter
auf Rache sinnend, mit Ägisth – nach Agamemnons Rückkehr bringt sie gemeinsam mit dem Liebhaber den Gatten
um. Elektra entzieht den kleinen Bruder Orest dem düsteren Mutterhaus und bringt ihn zu dem Onkel Strophios,
der ihn zusammen mit seinem Sohn Pylades erzieht. Orest
kehrt, erwachsen, von Rachegedanken gegen die eigene
Mutter getrieben, zurück nach Mykene und kann sich mit
Elektrens Hilfe ins Haus einschleichen: Orest tötet Klytämnestra. Deren Geist hetzt die Rachegöttinnen hinter
dem Sohn her (was Goethe zu bloßen Gewissensqualen
Orests umdeutet), der ratlos vor dem Delphischen Orakel
um Weisung bittet und schließlich von Apoll nach Tauris
verwiesen wird: Die Rückholung des Götterbildes der Diana (Apolls Schwester!) werde den Fluch von ihm und der
ganzen Familie nehmen.
Dort angekommen treffen sie auf die noch unerkannte
Iphigenie, die dem religiös-barbarischen Brauch der Taurer
gemäß jeden Fremden der Göttin opfern muss: Hiermit beginnt die *Iphigenie bei den Tauriern* des Euripides. Iphigenie lässt sich von Orest das Schicksal ihres Vaters und ihres
Hauses seit ihrer Opferung berichten – ohne den Bruder
erkennen zu können. Sie möchte Pylades mit einem Brief
zu ihrem Bruder nach Mykene schicken und gibt ihre Identität preis, als sie Pylades den Inhalt des Briefes berichtet.
Nun gibt sich auch Orest zu erkennen. Die Wiedersehensfreude wird von Pylades mit der Mahnung abgekürzt, man
müsse sich beeilen, die Dianen-Statue auf das bereitliegende
Schiff zu bringen und zu fliehen. Gegenüber dem Taurerkönig Thoas greift Iphigenie zur List: Sie müsse die durch

den Muttermord entweihten Körper der Fremden sowie das ebenfalls entweihte Götterbild durch eine rituelle Waschung heiligen; die List gelingt: die Griechen sowie die Statue gelangen auf das Schiff. Dort wiederum von ungünstigen Winden festgehalten, werden die Fliehenden entdeckt. Thoas, schon den Befehl zum Kampf auf den Lippen, wird allerdings durch den Eingriff der Athene zurückgehalten (Dea ex machina): Der Raub des Götterbildes wird legitimiert, allerdings soll es nach Halai in Attika gebracht werden, um dort einem neugestifteten Artemis-Kult zu dienen, Iphigenie soll Priesterin bleiben.

Neben der *Iphigenie* des Euripides, die Goethe vermutlich zunächst in einer französischen Prosaübersetzung kennen gelernt hat (Pierre Brumoy, *Le Théâtre des Grecs*, Paris 1730), ist wohl seine wichtigste Informationsquelle das *Gründliche mythologische Lexicon* Benjamin Hederichs (erstmalig 1724), das Goethe in der Neuauflage von 1770 vorlag. Dort sind über die Hauptfigur des Schauspiels folgende Informationen versammelt:

»IPHIGENIA, æ, Gr. Ἰφιγένεια, ας, (Tab. XXX.)
I §. Namen. Dieser soll ursprünglich von **Jephtha** herkommen, woraus **Iphis** gemacht worden, und **Iphigenia**, so viel als *genita ex Iphe*, oder **Jephtha Tochter** heißen. *Voss. Theol. gent. l. I. c. 23.* Sie hieß aber auch, nach einigen, **Iphianassa**, *Lucret. l. I. v. 85.* Dieß soll eben wie **Iphigenia**, aus **Iphis** für **Jephtha**, und ἄναδσα, Königinn, zusammen gesetzet seyn. *Voss. l. c.* Allein, nach noch andern, kömmt er von Ἴφι, welches mit Gewalt heißt; weil **Theseus** die **Helena** gewaltsamer Weise entführet und sie mit ihr gezeuget hat. Sie hieß auch daher selbst **Iphis**. *Etymol. magn. in b. v. Cf. Muncker. ad Hygin. Fab. 98.*
2 §. Aeltern. Insgemein wird sie für eine Tochter des Agamemnons und der Klytämnestra angegeben; *Hygin. Fab. 98.* Allein die, welche die Historie genauer wissen wollen,

geben sie für eine Tochter des Theseus und der Helena aus.
Weil aber dieser Schwester, die besagte Klytämnestra, nicht
gern gewollt, daß offenbar werde, wie sie von dem Theseus
nicht als Jungfer zurück gekommen, so habe sie diese Iphigenia für ihre eigene Tochter ausgegeben, und es den Agamemnon selbst, nebst andern mehr, also beredet. *Nicander
ap. Ant. Liberal. c. 27. et Duris Samius ap. Tzetz. ad Lycophr. v. 103.* Doch wollen noch andere, Agamemnon habe
sie nebst dem Chryses mit der Astynome, sonst Chryseis
genannt, des Chryses Tochter, gezeuget. *Tzetzes ad Lycophr. v. 183. Cf. Mezir. sur les epit. d'Ovid. T. I. p. 266
et 434.*

3 §. Schicksal. Weil Agamemnon, da die Griechen mit ihrer Flotte zum Auslaufen wider Troja zu Aulis fertig lagen,
eine Hindinn erschoß, die der Diana gewidmet war, so
empfand es diese Göttinn so übel, daß sie durch eine besondere Windstille die Griechen gänzlich an ihrem Vorhaben hinderte. Agamemnon fragete darauf die Wahrsager,
und Kalchas erklärete ihm, Diana könne nicht anders, als
durch Aufopferung der Iphigenia, besänftiget werden. Wie
aber Agamemnon durchaus darein nicht willigen wollte, so
giengen Ulysses und Diomedes nach Argos zurück, und
beredeten die Klytämnestra, sie wären abgeschickt, die
Iphigenia ins Lager zu holen, woselbst sie mit dem Achilles
vermählet werden sollte. Sie brachten sie auch solcher Gestalt nach Aulis. Indem sie aber dieselbe opfern wollten, so
erbarmete sich Diana ihrer, machte es düster um sie, führete
sie durch die Wolken nach Taurica, und bestellete sie da zu
ihrer Priesterinn, den Griechen hingegen schickete sie eine
Hindinn an ihrer Stelle, welche sie ihr denn opferten. *Hygin. Fab. 98. Euripid. Iphig. in Taur. prol. Cf. Ovid. Metam.
XII. ab init.* Einige wollen, es habe sie Agamemnon endlich
auf Bitte der griechischen Heerführer willig abfolgen lassen. Indem aber bey dem Opfer ein jeder die Augen von
ihr abgewandt, habe sie Diana indessen weggerückt, und
ein Kalb an ihrer Statt dargestellet. *Nicand. ap. Ant. Libe-*

ral. c. 27. Timanthes hatte von dieser Aufopferung ein Gemälde gemacht, an welchem man sonderlich den Kunstgriff
bewunderte, daß er Agamemnons Gesicht verhüllet, nachdem er alle Zeichen der Traurigkeit in der Umstehenden ihren erschöpfet hatte, weil er sich nicht getrauete den
Schmerz eines Vaters bey dergleichen Gelegenheit recht natürlich auszudrücken. *Plin. Hist. N l. 35. c. 9.* Noch andere
wollen, Agamemnon sey seiner Oberbefehlshaberschaft
entsetzet worden, weil er diese seine älteste Tochter nicht
habe hergeben wollen; und, da sie endlich Ulysses durch
seine List herbey gebracht, so habe Agamemnon gar die
Flucht ergriffen, damit er ihre Abschlachtung nicht mit ansehen dürfte, bis ihn endlich Nestor, durch seine Beredsam-
keit, wieder zurück gebracht. Allein, da man zur wirklichen
Opferung schreiten wollen, so habe sich ein schrecklicher
Sturm mit Donnern und Blitzen, sammt einem Erdbeben
und dicker Finsterniß erhoben, wobey sich endlich eine
Stimme aus dem Hayne der Diana hören lassen, die Göttinn verlange solches Opfer nicht. Zugleich habe Achilles
einen Brief von der Klytämnestra erhalten, und verstanden,
was mit der Iphigenia vorgehe. Er sey also zugelaufen, und
habe allen denen den Tod gedrohet, die sich an ihr vergrei-
fen würden, habe sie auch endlich heimlich den Könige in
Scythien zugeschickt und aufzubehalten befohlen. *Dict.
Cret. l. I. c. 19. 20. 21.* Gleichwohl schlägt er Agamemnons
Anbiethen, ihm eine von seinen Töchtern zu geben, auf
eine hochmüthige Art aus. *Hom. Il. I. 388.* Und dennoch
ist er nach einigen sehr verliebt in sie gewesen, und soll so
gar den Pyrrhus mit ihr gezeuget haben. *Tzetzes ad Lycophr. v. 183.* Ja, als er vernahm, daß sie von der Diana nach
Taurica entführet worden, so suchete er sie auf, und kam
bis an eine sehr schmale und lange Erdzunge, die seitdem
von den Griechen δρόμος Ἀχιλλέως, des Achilles Lauf-
bahn genannt worden. *Scholiast. Pind. ad Nem. IV. 80. et
Schmid ad h. l. p. 92.* Nach einigen hat Diana, um sie zu er-
lösen, sie in eine Bärinn, nach andern, in eine alte Frau,

nach den dritten, in einen Hirsch, und nach den vierten, in einen Ochsen verwandelt. *Tzetz. ad Lycophr. v. 183*. Jedoch wollen auch einige, sie sey wirklich geopfert worden. *Cic. Off. l. III. c. 25. Lucret. de N. R. I. 85*. Es behaupten aber ihre Erhaltung ungleich mehrere Schriftsteller, und sie war der Diana Priesterinn in Taurica so lange, bis endlich Orestes und Pylades dahin kamen, und von ihr erkannt wurden. Sie giengen darauf mit sammt der Bildsäule der Diana durch, und flüchteten sich erst zu dem Chryses nach Mösien, und sodann von dar weiter. *Hygin. Fab. 120*. Sieh *Orestes*. Als sie nach Delph kamen, so befand sich ihre Schwester, Elektra, daselbst, von der sie beynahe wäre umgebracht worden, wenn es Orestes nicht noch verhindert hätte. *Id. Fab. 122*. Sieh *Electra*. Endlich soll sie in die Insel Leuce gebracht, daselbst wieder jung und unsterblich gemacht, Orilochia genannt, und dem Achilles noch vermählet worden seyn, da er sich schon in der andern Welt befunden. *Nicand. l. c*. Ihr Begräbniß wies man indessen zu Megärä, woselbst sie auch gestorben seyn sollte. *Pausan. Att. c. 42. p. 79*. Jedoch wurde ihr prophezeyet, sie sollte zu Brauron begraben werden, wo sie in dem Tempel der Diana daselbst Priesterinn seyn und nach ihrem Tode große Ehre erhalten sollte, indem man ihr die Schleyer und die kostbarsten Kleider der gestorbenen Kindbetterinnen weihen würde. *Eurip. Iphig. in Taur. 1462*. Euripides hat zwey Trauerspiele von ihr verfertiget: *Iphigenia in Aulis*, welche ihre Aufopferung und Entführung enthält; und *Iphigenia in Tauris*, dessen Inhalt die Begebenheit mit dem Orestes und die Entführung des Dianenbildes ist.

4 §. Eigentliche Historie. Einige halten es allerdings für wahr, daß sie geopfert worden, *Cic. Off. III. c. 25. Lucret. de N. R. I. 85.* oder doch in Taurica Priesterinn gewesen: *Tzetz. ad Lycophr. v. 183*. Allein andere halten alles, was von ihr vorgegeben wird, nur für ein Gedicht, welches von der Tochter des Jephtha entlehnet worden. *Voss. Theol. gent. l. I. c. 23. et Huet. Dem. Evang. Prop. IV. c. 14. p. 337*.

Man will auch wohl, daß ihre Geschichte von Abrahams
Aufopferung seines Sohnes Isaac hergeholet sey. *Bochart.*
Hierozoic. l. II. c. 46.«

Ebenfalls aus Benjamin Hederichs *Gründlichem mythologi-*
schem Lexicon ist die Stammtafel des Tantaliden-Geschlechts entnommen, die zur Veranschaulichung der kom-
plizierten Familiengeschichte dienen kann (s. Abb. S. 47).

TAB. XXX.

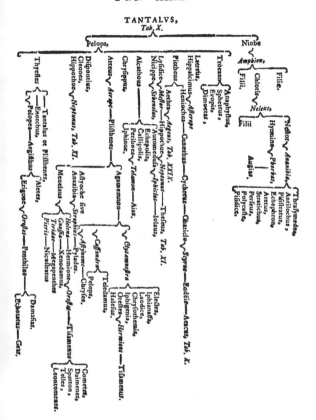

Das Geschlecht der Tantaliden
Tabula XXX aus *Benjamin Hederichs gründlichem
mythologischem Lexicon* (Leipzig 1770)

III. Dokumente zur Entstehung

Äußerungen Goethes

Tagebuch. Weimar, 14. Februar 1779:

»[...] früh ›Iphigenia‹ anfangen [zu] dictiren.«

> Goethe über seine Dichtungen. Versuch einer
> Sammlung aller Äußerungen des Dichters über seine
> poetischen Werke. Hrsg. von Hans Gerhard Gräf.
> 3 Tle. (in 9 Bdn.). Frankfurt a. M.: Rütten und Loe-
> ning, 1901–14. Nachdr. Darmstadt: Wissenschaftli-
> che Buchgesellschaft, 1968. [Im Folgenden zit. als:
> Gräf.] Tl. 2. Bd. 3. S. 160.

An Charlotte von Stein. Weimar, 14. Februar 1779:

»Den ganzen Tag brüt' ich über ›Iphigenien‹, daß mir der
Kopf ganz wüst ist, ob ich gleich zur schönen Vorbereitung
letzte Nacht 10 Stunden geschlafen habe. So ganz ohne
Sammlung, nur den einen Fuß im Steigriemen des Dichter-
Hippogryphs, will's sehr schwer sein, etwas zu bringen, das
nicht ganz mit Glanzleinwand-Lumpen gekleidet sei.«

Gräf II,3. S. 159 f.

An Charlotte von Stein. Weimar, 22. Februar 1779:

»Meine Seele löst sich nach und nach durch die lieblichen
Töne aus den Banden der Protokolle und Acten. Ein Quatro neben in der grünen Stube, sitz' ich und rufe die fernen
Gestalten leise herüber. Eine Scene soll sich heut abson-
dern, denk' ich, drum komm' ich schwerlich.«   Ebd. S. 160.

Tagebuch. Weimar, 24. Februar 1779:

»Abends an ›Iphigenie‹ geträumt.«   Ebd.

An Charlotte von Stein. Weimar, Ende Februar 1779:

»Das mir zugedachte Abendbrod hab ich in Ihrer Stube verzehrt, hab auch an meiner Iph. einiges geschrieben, und hoffe immer mehr damit zu Stande zu kommen.«

> Goethes Werke. [Weimarer Ausgabe.] Hrsg. im Auftrage der Großherzogin Sophie von Sachsen. 133 Bde. (in 143 Tln.). Weimar: Böhlau, 1887–1919. [Im Folgenden zit. als: WA.] Abt. 4: Briefe. Bd. 4. S. 12.

Tagebuch. Jena, 1. März 1779:

»Abends für mich. ›I p h i g e n i e‹.«   Gräf II,3. S. 161.

An Charlotte von Stein. Jena, 1. März 1779:

»Mein Stück rückt.«   Ebd.

An Charlotte von Stein. Dornburg, 2. März 1779:

»Knebeln können Sie sagen dass das Stück sich formt, und Glieder kriegt. Morgen hab ich die Auslesung, dann will ich mich in das neue Schloss sperren und einige Tage an meinen Figuren posseln. [...]
Jetzt leb ich mit den Menschen dieser Welt, und esse und trincke spase auch wohl mit ihnen, spüre sie aber kaum, denn mein inneres Leben geht unverrücklich seinen Gang.«

> WA IV,4. S. 13 f.

Tagebuch. Dornburg, 3. März 1779:

»[Recruten-]Auslesung. Nachher einsam im neuen Schlosse an ›Iphigenie‹ geschrieben, so auch den 4. [März.]«

> Gräf II,3. S. 161.

Johann Wolfgang Goethe:
Rekrutenaushebung
Tuschlavierte Bleistift- und Federzeichnung (1779)

An Charlotte von Stein. Dornburg, 4. März 1779:

»Noch hab' ich Hoffnung, daß, wenn ich den 11ten oder 12ten [März] nach Hause komme, mein Stück fertig sein soll. Es wird immer nur Skizze, wir wollen dann sehn, was wir ihm für Farben auflegen.«

Ebd.

An Charlotte von Stein. Apolda, 5. März 1779:

»Hier ist ein bös Nest und lärmig, und ich bin aus aller Stimmung. Kinder und Hunde alles lärmt durch einander, und seit zwölf uhr Mittag lass ich mir schon vorerzählen von allen Menschen, eins ins andre, das will auch wieder theils vergessen, theils in sein Fach gelegt seyn.«

WA IV,4. S. 17.

An Karl Ludwig von Knebel. Apolda, 5. März 1779:

»Ehrlicher alter Herr König, ich muß Dir gestehen, daß ich als *ambulirender Poeta* sehr geschunden bin, und hätt' ich die paar schönen Tage in dem ruhigen und überlieblichen Dornburger Schlößchen nicht gehabt, so wäre das Ei halb angebrütet verfault.«

Gräf II,3. S. 161.

An Charlotte von Stein. Apolda, 6. März 1779:

»Hier will das Drama gar nicht fort, es ist verflucht, der König von Tauris soll reden, als wenn kein Strumpfwürker in Apolde hungerte.«

Ebd. S. 162.

An Charlotte von Stein. Apolda, 7. März 1779:

»Hier war gar kein Heil, und eine Scene plagt mich gar sehr, ich denke, wenn's nur einmal angeht, dann rollt's wieder hintereinander.«

Ebd.

An Herzog Karl August. Buttstedt, 8. März 1779:

»Übrigens lass' ich mir von allerlei erzählen, und alsdenn
steig' ich in meine alte Burg der Poesie und koche an meinem Töchterchen. Bei dieser Gelegenheit seh' ich doch
auch, daß ich diese gute Gabe der Himmlischen ein wenig
zu cavalier behandle, und ich habe wirklich Zeit wieder
häuslicher mit meinem Talent zu werden, wenn ich je noch
was hervorbringen will.«   Ebd. S. 163.

Tagebuch. Allstedt, 9. März 1779:

»Abends allein. Die drei Acte [I–III] zusammen gearbeitet.«   Ebd.

Tagebuch. Weimar, 13. März 1779:

»Abends vorgelesen die drei ersten Acte ›Iphigenie‹ ♃ [das
Zeichen für den Planeten Jupiter setzt Goethe in seinem
Tagebuch für den Herzog Karl August] und Knebel; blei-
ben da, essen.«   Ebd.

Tagebuch. Weimar, 14. März 1779:

»Abschrift der Rollen [Act I–III].«   Ebd. S. 164.

An Karl Ludwig von Knebel. Weimar, 14. März 1779:

»Die Lust, die ich diese acht Tage her in Betrachtung und
Bildung meines Stücks gehabt habe, ist in ihrem Laufe
durch die Abneigung gehemmt worden, die Du mir gestern
gegen das Erscheinen auf dem Theater mitunter hast sehn
lassen. Wenn Du Dich bereden kannst, mit mir auch noch
dieses Abenteuer zu bestehen, einigen guten Menschen
Freude zu machen und einige Hände Salz in's Publicum zu

werfen, so will ich muthig an's Werk gehn. Ist aber Dein Widerwille unüberwindlich, so mag es auch mit andern ernstlicheren Planen und Hoffnungen in die stille Tiefe des Meeres versinken.«

Ebd. S. 163 f.

An Karl Ludwig von Knebel. Weimar, 15. März 1779:

»Hier sind die drei Acte [I–III] der ›Iphigenia‹; lies sie Herdern und Seckendorffen. Letzterem gib sie mit unter der Bedingung der Stille.
Nimm doch auch ja den Prinzen Constantin vor [...].
Ich komme nicht eher von Ilmenau wieder, bis das Stück fertig ist.«

Ebd. S. 164.

An Charlotte von Stein. Ilmenau, 17. März 1779:

»Den ganzen Tag bin ich in allerley Händeln herumgeschleppt worden, und der Abend ist mir ohne viel dramatisches Glück hingegangen.«

WA IV,4. S. 24.

Tagebuch. Ilmenau, 19. März 1779:

»Allein auf dem Schwalbenstein. Den vierten Act der ›Iphigenie‹ geschrieben.«

Gräf II,3. S. 164.

Tagebuch. Weimar, 28. März 1779:

»Abends: ›Iphigenie‹ geendigt.«

Ebd. S. 165.

Tagebuch. Weimar, 29. März 1779:

»›Iphigenie‹ vorgelesen pp.«

Ebd.

Tagebuch. Weimar, 2.–5. April 1779:

»Proben von ›Iphigenie‹ und Besorgung des dazu Gehörigen.«   Ebd.

Tagebuch. Weimar, 6. April 1779:

»›Iphigenie‹ gespielt. Gar gute Wirkung davon, besonders
auf reine Menschen.«   Ebd.

Tagebuch. Weimar, 8. April 1779:

»[Mittags] Bei Herzogin Amalie gessen. Nachklang des
Stücks. [...].
(Man thut Unrecht, an dem Empfindens- und Erkennens-
Vermögen der Menschen zu zweifeln, da kann man ihnen
viel zutrauen, nur auf ihre Handlungen muß man nicht
hoffen.)«   Ebd. S. 166.

Tagebuch. Weimar, 12. April 1779:

»›Iphigenie‹ wiederholt.«   Ebd.

Tagebuch. Weimar, Anfang Juli 1779:

»♃ machte es ein Vergnügen die Rolle des Pylades zu lernen. Er nimmt sich außerordentlich zusammen und an inn-
rer Kraft, Fassung, Ausdauern, Begriff, Resolution fast täglich zu.«   Ebd.

Tagebuch. Weimar, 12. Juli 1779:

»›Iphigenie‹ in Ettersburg gespielt.«   Ebd.

An Karl Theodor von Dalberg. Weimar, 21. Juli 1779:

»Was die Mittheilung meiner ›Iphigenie‹ betrifft, halt' ich
mir vor, E. E. mündlich meine Bedenklichkeiten zu sagen.
Ein Drama ist wie ein Brennglas; wenn der Acteur unsicher
ist, und den *focum* nicht treffend findet, weiß kein Mensch,
was er aus dem kalten und vagen Scheine machen soll.
Auch ist es viel zu nachlässig geschrieben, als daß es von
dem gesellschaftlichen Theater sich so bald in die freire
Welt wagen dürfte.«   Ebd. S. 167.

An Johann Kaspar Lavater. Weimar, 13. Oktober 1780:

»Meine ›Iphigenie‹ mag ich nicht gern, wie sie jetzo ist,
mehrmals abschreiben lassen und unter die Leute geben,
weil ich beschäftigt bin, ihr noch mehr Harmonie im Stil zu
verschaffen und also hier und da dran ändere. Sei so gut
und sag das denenjenigen zur Entschuldigung, die eine Abschrift davon verlangten. Ich habe es schon öfters abge-
schlagen.«   Ebd. S. 168.

An Charlotte von Stein. Weimar, 29. Januar 1781:

»Mein Hals ist besser, doch spür' ich's noch, auf die Probe
heut Abend muß ich mich sammeln. Schicken Sie mir doch
das Exemplar der ›Iphigenie‹, ich muß noch einige Stellen
ansehen.«   Ebd. S. 169 f.

An Charlotte von Stein. Weimar, 30. Januar 1781:

»[...] mein Hals ist schlimmer. Ich halte mich sehr still, um
bis den Abend auszulangen. Danke für Ihren Antheil, und
hoffe Sie durch mein Spiel vergessen zu machen, daß mir
was fehlt.«   Ebd. S. 170.

An Charlotte von Stein. Weimar, 17. April 1781:

»Crone [Corona Schröter] ist heut mit mir. Ich hab' an
›Iphigenien‹ übersetzt und werd's noch mit ihr. [Fassung in
rhythmischer Prosa 1781.]«   Ebd.

Tagebuch. Weimar, 4. August 1781:

»Früh zu Hause, schrieb am ›Tasso‹, corrigirte die ›Iphigenie‹.«   Ebd.

Tagebuch. Weimar, 19. August 1781:

»Meine ›Iphigenie‹ durchgesehen.«   Ebd.

An Johann Kaspar Lavater. Weimar, 26. November 1781:

»Du hattest, lieber Bruder, eine Abschrift meiner ›I p h i -
g e n i e‹ für den General Koch verlangt, ich schlug es ab,
weil ich sie noch einmal durchgehn wollte, dieß ist, zwar
leider nach meinen Umständen nur flüchtig, geschehen.
Gegen Weihnachten kann eine Abschrift fertig sein.«

Ebd. S. 171.

An Charlotte von Stein. Weimar, 30. April 1782:

»Mein Bote geht in die Stadt, und ich bitte Dich um ›Iphigenien‹ und Deine Liebe.«   Ebd. S. 172.

An Jenny von Voigts. Weimar, 5. Mai 1782:

»Sie erhalten hier einen Versuch, den ich vor einigen Jahren
gemacht habe, ohne daß ich seit der Zeit so viel Muße gefunden hätte, um das Stück so zu bearbeiten wie es wohl
seyn sollte. Legen Sie es wie es ist Ihrem Herrn Vater vor,

und dann bitte ich Sie recht aufrichtig und ausführlich zu seyn und mir umständlich zu melden, was er darüber sagt. Mir ist eben so wohl um sein Lob als um seinen Tadel zu thun.«

WA IV,5. S. 321.

An Friedrich Heinrich Jacobi. Weimar, 17. November 1782:

»Ich kann Dir wenig sagen, darum schick' ich Dir ›Iphigenien‹, nicht als Werk oder Erfüllung jener alten Hoffnungen werth, sondern daß sich mein Geist mit dem Deinigen unterhalte, wie mir das Stück mitten unter kümmerlichen Zerstreuungen, vier Wochen eine stille Unterhaltung mit höheren Wesens war. Möge das fremde Gewand und die ungewohnte Sprache Dir nicht zuwider sein und die Gestalt Dir anmuthig werden.«

Gräf II,3. S. 172.

An Johann Kristian Kestner. Weimar, 15. März 1783:

»Hier meine ›Iphigenie‹. [...] bewahrt mir sie nur vor den Augen angehender Autoren. Es ist zwar so viel nicht dran gelegen, doch ist's verdrüßlich, wie mir schon oft geschehn ist, sich stückweise in's Publikum gezerrt zu sehn.«

Ebd. S. 172 f.

An Charlotte von Stein. Weimar, Mitte April 1786:

»Um 11 Uhr kommt Wieland, meine Orest-Maske liegt schon da und wird der ›Alceste‹ aufgeopfert werden.«

Ebd. S. 176.

An Charlotte von Stein. Ilmenau, 15. Juni 1786:

»Wenn Du doch Wielanden Dein Exemplar der ›Iphigenia‹ zum Durchgehen schicktest, er weiß schon, was er damit soll.«

Ebd.

An Charlotte von Stein. Weimar, 25. Juni 1786:

»Heute Mittag ißt Wieland mit mir, es wird über ›Iphigenien‹ Gericht gehalten u. s. w.«   Ebd.

An Charlotte von Stein. Weimar, 9. Juli 1786:

»[...] was ich hier thue, hab' ich im Karlsbad zu Gut und kann dort meine Gedanken zur ›Iphigenie‹ wenden.«

Ebd. S. 177.

An Charlotte von Stein. Karlsbad, 22. August 1786:

»Ich lese alle Abende vor, und es ist ein recht schönes Publicum geblieben. Gestern haben die ›Vögel‹ [eine Bearbeitung der Aristophanes-Komödie durch Goethe] ein unsägliches Glück gemacht. Heute les' ich ›Iphigenien‹ wieder [...].«   Ebd.

An Charlotte von Stein. Karlsbad, 23. August 1786:

»Gestern Abend ward ›Iphigenie‹ gelesen und gut sentirt. Dem Herzog [Karl August] ward's wunderlich dabei zu Muthe. Jetzt, da sie in Verse geschnitten ist, macht sie mir neue Freude, man sieht auch eher, was noch Verbesserung bedarf. Ich arbeite dran und denke morgen fertig zu werden.«   Ebd.

An Charlotte von Stein. Karlsbad, 27. August 1786:

»Ich bleibe noch acht Tage und solang hab ich noch zu thun; Herder hilft mir treulich, noch wird an Iphigenien viel gethan. Es macht sich und ich hoffe es soll leidlich werden.«   WA IV,8. S. 8 f.

An Charlotte von Stein. Karlsbad, 30. August 1786:

»[...] Herder hilft treulich und bis den Sonnabend ist alles fertig; mir wird recht wohl seyn wenn ich im Wagen sitze. Zuletzt wards zu toll, das Pensum war zu gros. An der Iphigenie ist viel geändert worden. Sie wird noch einmal abgeschrieben.«   Ebd. S. 9 f.

An Johann Gottfried Herder. Karlsbad, 1. September 1786:

»Ich bin in große Noth gerathen, die ich Dir sogleich anzeigen und klagen muß. Nach Deinem Abschied las ich noch in der ›Elektra‹ des Sophokles. Die langen Jamben ohne Abschnitt und das sonderbare Wälzen und Rollen des Periods haben sich mir so eingeprägt, daß mir nun die kurzen Zeilen der ›Iphigenie‹ ganz höckerig, übelklingend und unlesbar werden. Ich habe gleich angefangen die erste Scene umzuändern. Damit ich aber nicht zu weit gehe, und Maß und Ziel festgesetzt werde, bitt' ich Dich etwa um 5 Uhr um eine Lection. Ich will zu Dir kommen!«

Gräf II,3. S. 177 f.

Reise-Tagebuch für Charlotte von Stein. München, 6. September 1786:

»Noch eine böse Arbeit steht mir bevor. Nach einer letzten Conferenz mit Herdern mußt' ich die ›Iphigenie‹ mitnehmen und muß sie nun gelegentlich durchgehn und ihr wenigstens einige Tage widmen.«   Ebd. S. 178.

Italienische Reise (Redaktion 1814–17). Auf dem Brenner, 8. September 1786:

»Das Stück, wie es gegenwärtig liegt, ist mehr Entwurf als Ausführung, es ist in poetischer Prosa geschrieben, die sich manchmal in einen jambischen Rhythmus verliert, auch

wohl andern Sylbenmaßen ähnelt. Dieses thut freilich der
Wirkung großen Eintrag, wenn man es nicht sehr gut lies't
und durch gewisse Kunstgriffe die Mängel zu verbergen
weiß. Er [Herder] legte mir dieses so dringend an's Herz,
und da ich meinen größeren Reiseplan ihm wie allen verborgen hatte, so glaubte er, es sei nur wieder von einer
Bergwanderung die Rede, und weil er sich gegen Mineralo-
gie und Geologie immer spöttisch erwies, meinte er, ich
sollte, anstatt taubes Gestein zu klopfen, meine Werkzeuge
an diese Arbeit wenden. Ich gehorchte so vielen wohlge-
meinten Andrängen: bis hierher aber war es nicht möglich,
meine Aufmerksamkeit dahin zu lenken. Jetzt sondere ich
›Iphigenien‹ aus dem Packet und nehme sie mit in das schöne warme Land als Begleiterin. Der Tag ist so lang, das
Nachdenken ungestört, und die herrlichen Bilder der Um-
welt verdrängen keineswegs den poetischen Sinn, sie rufen
ihn vielmehr, von Bewegung und freier Luft begleitet, nur
desto schneller hervor.«   Ebd. S. 215.

An Johann Gottfried Herder und seine Frau. Verona,
18. September 1786:

»An der ›Iphigenie‹ wird gearbeitet, nach meiner Rechnung
soll sie Ende October aufwarten, ich wünsche nur, daß die
Musterbilder von Versen viele ihres Gleichen mögen her-
vorgebracht haben. Nachdem mir das lang muthwillig ver-
schlossne Ohr endlich aufgegangen, so verjagt nun eine
harmonische Stelle die nächste unharmonische, und so wird
hoffentlich das ganze Stück rein. Du wirst es von meiner
Hand geschrieben erhalten.«   Ebd. S. 179.

An Herzog Karl August. Verona, 18. September 1786:

»Ich bin fleißig und arbeite die ›Iphigenie‹ durch, sie quillt
auf, das stockende Sylbenmaß wird in fortgehende Harmo-

nie verwandelt. Herder hat mir dazu mit wunderbarer Geduld die Ohren geräumt. Ich hoffe glücklich zu sein.«

Ebd.

An Johann Gottfried Herder. Venedig, 14. Oktober 1786:

»An der ›Iphigenie‹ hab’ ich noch zu thun. Sie neigt sich auch zur völligen Krystallisation. Der vierte Act wird fast ganz neu. Die Stellen, die am f e r t i g s t e n waren, plagen mich am meisten: ich möchte ihr zartes Haupt unter das Joch des Verses beugen, ohne ihnen das Genick zu brechen. Doch ist’s sonderbar, daß mit dem Sylbenmaß sich auch meist ein besserer Ausdruck verbindet.«

Ebd. S. 182 f.

Italienische Reise. Bologna, 19. Oktober 1786:

»Da ich nun wieder einmal dieser süßen Bürde gedenke, die ich auf meiner Wanderung mit mir führe, so kann ich nicht verschweigen, daß zu den großen Kunst- und Naturgegenständen, durch die ich mich durcharbeiten muß, noch eine wundersame Folge von poetischen Gestalten hindurch zieht, die mich beunruhigen. Von Cento herüber wollte ich meine Arbeit an ›Iphigenia‹ fortsetzen, aber was geschah: der Geist führte mir das Argument der ›Iphigenia von Delphi‹ vor die Seele, und ich mußte es ausbilden.«

Ebd. S. 221 f.

An das Ehepaar Herder. Rom, 2. Dezember 1786:

»Alle Morgen, eh’ ich aufstehe, wird an der ›Iphigenie‹ geschrieben, täglich erobre ich eine Stelle, und das Ganze macht sich. Ich bin ganz nah fertig zu sein.«

Ebd. S. 184.

An Charlotte von Stein. Rom, 13. – 16. Dezember 1786:

»Ich las Tischbeinen meine ›Iphigenie‹ vor, die nun bald fertig ist. Die sonderbare originale Art, wie dieser das Stück ansah und mich über den Zustand, in welchem ich es geschrieben, aufklärte, erschreckte mich. Es sind keine Worte, wie fein und tief er den Menschen unter dieser Helden Maske empfunden.«   Ebd. S. 186.

An Johann Gottfried Herder. Rom, 29. Dezember 1786:

»Endlich kann ich Dir mit Freuden melden, daß meine ›Iphigenie‹ fertig ist, daß zwei Abschriften davon auf meinem Tische liegen. Wenige Verse möcht' ich noch verbessern, und dazu will ich sie noch eine Woche behalten, dann übergeb' ich sie Dir mit völliger Macht und Gewalt, darin nach Belieben zu corrigiren.«   Ebd.

Italienische Reise. Rom, 6. Januar 1787:

»Als ich den Brenner verließ, nahm ich sie aus dem größten Packet und steckte sie zu mir. Am Gardasee, als der gewaltige Mittagswind die Wellen an's Ufer trieb, wo ich wenigstens so allein war als meine Heldin am Gestade von Tauris, zog ich die ersten Linien der neuen Bearbeitung, die ich in Verona, Vicenz, Padua, am fleißigsten aber in Venedig fortsetzte. Sodann aber gerieth die Arbeit in Stocken, ja ich ward auf eine neue Erfindung geführt, nemlich ›Iphigenia auf Delphi‹ zu schreiben, welches ich auch sogleich gethan hätte, wenn nicht die Zerstreuung und ein Pflichtgefühl gegen das ältere Stück mich abgehalten hätte.
In Rom aber ging die Arbeit in geziemender Stetigkeit fort. Abends beim Schlafengehen bereitete ich mich auf's morgende Pensum, welches denn sogleich beim Erwachen angegriffen wurde. Mein Verfahren dabei war ganz einfach: ich schrieb das Stück ruhig ab, und ließ es Zeile vor Zeile,

Period vor Period regelmäßig erklingen. Was daraus entstanden ist, werdet Ihr beurtheilen. Ich habe dabei mehr
gelernt als gethan.«   Ebd. S. 223.

Italienische Reise. Rom, 10. Januar 1787:

»Hier folgt denn also das Schmerzenskind, denn dieses Bei-
wort verdient ›Iphigenia‹, aus mehr als Einem Sinne. Bei
Gelegenheit, daß ich sie unsern Künstlern vorlas, strich ich
verschiedene Zeilen an, von denen ich einige nach meiner
Überzeugung verbesserte, die andern aber stehen lasse, ob
vielleicht Herder ein paar Federzüge hineinthun will. Ich
habe mich daran ganz stumpf gearbeitet.

Denn warum ich die Prosa seit mehreren Jahren bei meinen
Arbeiten vorzog, daran war doch eigentlich Schuld, daß
unsere Prosodie in der größten Unsicherheit schwebt, wie
denn meine einsichtigen, gelehrten, mitarbeitenden Freunde die Entscheidung mancher Fragen dem Gefühl, dem Geschmack anheim gaben, wodurch man denn doch aller
Richtschnur ermangelte.

›Iphigenia‹ in Jamben zu übersetzen, hätte ich nie gewagt,
wäre mir in Moritzens Prosodie nicht ein Leitstern erschie-
nen. Der Umgang mit dem Verfasser, besonders während
seines Krankenlagers, hat mich noch mehr darüber aufgeklärt, und ich ersuche die Freunde, darüber mit Wohlwol-
len nachzudenken.

Es ist auffallend, daß wir in unserer Sprache nur wenige
Sylben finden, die entschieden kurz oder lang sind. Mit den
andern verfährt man nach Geschmack oder Willkür. Nun
hat [Karl Philipp] Moritz ausgeklügelt, daß es eine gewisse
Rangordnung der Sylben gebe, und daß die dem Sinne nach
bedeutendere gegen eine weniger bedeutende lang sei und
jene kurz mache, dagegen aber auch wieder kurz werden
könne, wenn sie in die Nähe von einer andern geräth, welche mehr Geistesgewicht hat. Hier ist denn doch ein An-

halten, und wenn auch damit nicht alles gethan wäre, so hat man doch indessen einen Leitfaden, an dem man sich hinschlingen kann. Ich habe diese Maxime öfters zu Rathe gezogen und sie mit meiner Empfindung übereinstimmend getroffen.

Da ich oben von einer Vorlesung sprach, so muß ich doch auch, wie es damit zugegangen, kürzlich erwähnen. Diese jungen Männer, an jene früheren, heftigen, vordringenden Arbeiten gewöhnt, erwarteten etwas Berlichingisches und konnten sich in den ruhigen Gang nicht gleich finden; doch verfehlten die edlen und reinen Stellen nicht ihre Wirkung. Tischbein, dem auch diese fast gänzliche Entäußerung der Leidenschaft kaum zu Sinne wollte, brachte ein artiges Gleichniß oder Symbol zum Vorschein. Er verglich es einem Opfer, dessen Rauch, von einem sanften Luftdruck niedergehalten, an der Erde hinzieht, indessen die Flamme freier nach der Höhe zu gewinnen sucht. Er zeichnete dieß sehr hübsch und bedeutend. Das Blättchen lege ich bei.

Und so hat mich denn diese Arbeit, über die ich bald hinaus zu kommen dachte, ein völliges Vierteljahr unterhalten und aufgehalten, mich beschäftigt und gequält. Es ist nicht das erste Mal, daß ich das Wichtigste nebenher thue, und wir wollen darüber nicht weiter grillisiren und rechten.«

Ebd. S. 224 f.

An Johann Gottfried Herder. Rom, 13. Januar 1787:

»Du hast nun auch hier einmal wieder mehr, was ich gewollt, als was ich gethan habe! Wenn ich nur dem Bilde, das Du Dir von diesem Kunstwerke machtest, näher gekommen bin. Denn ich fühlte wohl bei Deinen freundschaftlichen Bemühungen um dieses Stück, daß Du mehr daran schätztest, was es sein könnte, als was es war.

Möge es Dir nun harmonischer entgegen kommen. Lies es

zuerst als ein ganz Neues, ohne Vergleichung, dann halt es
mit dem Alten zusammen, wenn Du willst. Vorzüglich bitt'
ich Dich, hier und da dem Wohlklange nachzuhelfen. Auf
den Blättern, die mit resp. Ohren bezeichnet sind, finden
sich Verse mit Bleistift angestrichen, die mir nicht gefallen,
und die ich doch jetzt nicht ändern kann. Ich habe mich an
dem Stücke so müde gearbeitet. Du verbesserst das mit einem Federzuge. Ich gebe Dir volle Macht und Gewalt. Einige halbe Verse habe ich gelassen, wo sie vielleicht gut
thun, auch einige Veränderungen des Sylbenmaßes mit
Fleiß angebracht. Nimm es nun hin und laß ihm Deine un-
ermüdliche Gutheit heilsam werden. Lies es mit der Frau-
en, laß es Frau von Stein sehen, und gebt Euren Segen
dazu. Auch wünsch' ich, daß es Wieland ansähe, der zuerst
die schlotternde Prosa in einen gemeßnern Schritt richten
wollte und mir die Unvollkommenheit des Werks nur desto
lebendiger fühlen ließ. Macht damit, was Ihr wollt, dann
laß es abschreiben [...].«   Ebd. S. 188 f.

An Charlotte von Stein. Rom, 13. Januar 1787:

»[...] heute geht auch ›Iphigenie‹ ab, o möchtest Du fühlen,
wie viel Gedanken zu Dir herüber und hinüber gegangen
sind, bis das Stück so stand.«   Ebd. S. 188.

An Charlotte von Stein. Rom, 20. Januar 1787:

»Gestern Abend verlangte Angelica [Kauffmann], daß ich
ihr etwas aus der ›Iphigenie‹ läse, ich sagte ihr, daß ich verlegen sei wegen der Seltsamkeit des Versuchs, den ich mit
diesem Stücke gewagt. Dagegen erzähl' ich ihr und ihrem
alten italienischen Gemahl [Zucchi] den Plan und Gang des
Stücks, sie hatten viel Freude daran. Du hättest sehn sollen,
wie der Alte alles so gut sentirte, von i h r versteht sich's
von selbst.«   Ebd. S. 190.

Angelika Kauffmann (1741–1807): Illustration zu III,3,
V. 1310 ff. »Seid ihr auch schon herabgekommen?«
Weiß gehöhte Graphit- und Kreidezeichnung (1787)

An Charlotte von Stein. Rom, 2. Februar 1787:

»Wie verlangt's mich auf Nachricht der Aufnahme ›Iphigeniens‹, und ob Ihr Freude aus der Mühe, aus dem Fleiße
habt schöpfen können, den ich noch an das Stück gewendet
habe.«   Ebd.

An Philipp Christoph Kayser. Rom, 6. Februar 1787:

»Wenn Sie auf Ostern meine vier ersten Bände [der ›Schriften‹] in die Hand nehmen, werden Sie ›Iphigenien‹ u m-

geschrieben finden (warum ich nicht umgearbeitet sage, werden Sie am Stücke sehn).«   Ebd. S. 190f.

Italienische Reise. Neapel, 13. März 1787:

»Angelica [Kauffmann] hat aus meiner ›Iphigenie‹ ein Bild zu malen unternommen; der Gedanke ist sehr glücklich, und sie wird ihn trefflich ausführen. Den Moment, da sich Orest in der Nähe der Schwester und des Freundes wiederfindet. Das, was die drei Personen hinter einander sprechen, hat sie in eine gleichzeitige Gruppe gebracht und jene Worte in Gebärden verwandelt. Man sieht auch hieran, wie zart sie fühlt und wie sie sich zuzueignen weiß, was in ihr Fach gehört. Und es ist wirklich die Achse des Stücks.«

Ebd. S. 193.

Italienische Reise. Caserta, 16. März 1787:

»Ich merke wohl, daß es meiner ›Iphigenie‹ wunderlich gegangen ist: man war die erste Form so gewohnt, man kannte die Ausdrücke, die man sich bei öfterm Hören und Lesen zugeeignet hatte; nun klingt das alles anders, und ich sehe wohl, daß im Grunde mir niemand für die unendlichen Bemühungen dankt. So eine Arbeit wird eigentlich nie fertig, man muß sie für fertig erklären, wenn man nach Zeit und Umständen das Möglichste gethan hat.«   Ebd. S. 194.

An Philipp Seidel. Neapel, 15. Mai 1787:

»Was Du von meiner ›Iphigenie‹ sagst, ist in gewissem Sinne leider wahr. Als ich mich um der Kunst und des Handwerkes Willen entschließen mußte, das Stück umzuschreiben, sah ich voraus, daß die besten Stellen verlieren mußten, wenn die schlechten und mittlern gewannen. Du hast zwei Scenen genannt, die offenbar verloren haben. Aber wenn es gedruckt ist, dann lies es noch einmal ganz gelassen, und Du wirst fühlen, was es als Ganzes gewonnen hat.

Doch liegt das Hauptübel in der wenigen Zeit, die ich darauf verwenden können. Den ersten Entwurf schrieb ich unter dem Recruten-Auslesen und führte ihn aus auf einer italienischen Reise. Was will daraus werden. Wenn ich Zeit hätte das Stück zu bearbeiten, so solltest Du keine Zeile der ersten Ausgabe vermissen.«   Ebd. S. 194 f.

An Friedrich Schiller. Jena, 19. Januar 1802:

»Hiebei kommt die Abschrift des gräcisirenden Schauspiels [›Iphigenie auf Tauris‹]. Ich bin neugierig, was Sie ihm abgewinnen werden. Ich habe hie und da hineingesehen, es ist ganz verteufelt human. Geht es halbweg, so wollen wir's versuchen: denn wir haben doch schon öfters gesehen, daß die Wirkungen eines solchen Wagestücks für uns und das Ganze incalculabel sind.«   Ebd. S. 202.

IV. Varianten

Prosafassung 1779. I,1:

IPHIGENIE. Heraus in eure Schatten, ewig rege Wipfel des
heiligen Hayns, hinnein ins Heiligthum der Göttinn, der
ich diene, tret' ich mit immer neuen Schauer und meine
Seele gewöhnt sich nicht hierher! So manche Jahre wohn'
ich hier unter euch verborgen, und immer bin ich wie im
ersten fremd, denn mein Verlangen steht hinnüber nach
dem schönen Lande der Griechen, und immer mögt ich
über's Meer hinnüber das Schiksal meiner Vielgeliebten
theilen. Weh dem! der fern von Eltern und Geschwister
ein einsam Leben führt, Ihn läßt der Gram des schönsten
Glükes nicht genießen, ihm schwärmen abwärts immer
die Gedanken nach seines Vaters Wohnung, an iene Stellen wo die Goldne Sonne, zum erstenmahl den Himmel
vor ihm aufschloß, wo die Spiele der Mitgebohrnen die
sanften liebsten Erden Bande knüpften. Der Frauen Zustand ist der schlimmste vor allen Menschen. Will dem
Mann das Glük, so herscht er und erficht im Felde
Ruhm, und haben ihm die Götter Unglük zubereitet,
fällt er, der Erstling von den Seinen in den schönen Tod.
Allein des Weibes Glük ist eng gebunden, sie dankt ihr
Wohl stets andern, öfters Fremden, und wenn Zerstörung ihr Hauß ergreift, führt sie aus rauchenden Trümmern durch der erschlagenen liebsten Blut der Ueber-
winder fort. Auch hier an dieser heiligen Stätte hält Thoas mich in ehrenvoller Sclaverey! Wie schwer wird mir's
dir wieder Willen dienen ewig reine Göttinn! Retterinn!
dir solte mein Leben zu ewigen Dienste geweiht seyn.
Auch hab' ich stets auf dich gehofft und hoffe noch, Diana die du mich verstoßne Tochter des grösten Königs in
deinen heiligen sanften Arm genommen. Ja Tochter Jovis
hast du den Mann deßen Tochter du foderest, hast du

Iphigenie auf Tauris.

Ein Schauspiel.

Von

Goethe.

Achte Ausgabe.

Leipzig,
bey Georg Joachim Göschen,
1787.

Titelblatt der Erstausgabe

den Göttergleichen Agamemnon, der dir sein liebstes
zum Altare brachte, hast du den glüklich von dem Felde
der umgewanden Troia mit Ruhm nach seinem Vaterlande zurük begleitet, hast du meine Geschwister Elecktren
und Oresten den Knaben und unsere Mutter, ihm zu
Hauße den schönen Schaz bewahret, so rette mich, die
du vom Tode gerettet, auch von dem Leben hier dem
Zweiten Tod.

Goethes Iphigenie auf Tauris. In vierfacher Gestalt
hrsg. von Jakob Baechtold Freiburg i. Br. / Tubin-
gen: J. C. B. Mohr, 1883. S. 2/4.

Fassung in freien Jamben 1780. I,1:

IPHIGENIE, *allein*. Heraus in eure Schatten ewigrege Wipfel
Des heil'gen Hayns; hinein ins Heiligthum
Der Göttinn, der ich diene, tret' ich mit immer neuem
                                         Schauer;
und meine Seele gewöhnt sich nicht hierher!
So manche Jahre wohn' ich
Hier unter Euch verborgen!
und immer bin ich, wie im Ersten fremd ...
denn mein Verlangen steht ...
Hinüber nach dem schönen Lande
der Griechen!
und immer mögt' ich über's Meer hinüber
Das Schicksal meiner vielgeliebten theilen.
weh dem, der, fern von Aeltern und Geschwistern,
Ein einsam Leben führet!
Ihn läßt der Gram des schönsten Glückes nicht
                                         genießen!
Ihm schwärmen abwärts die Gedanken
Nach seines Vaters Wohnung,
An jene Stellen, wo die goldne Sonne
Zum erstenmal den Himmel vor ihm aufschloß;
Hin, wo die Spiele der Mitgebohrnen

die sanften liebsten Erdebande knüpften ....
Der Frauen Zustand ist der schlimmste
Vor allen Menschen!
Will dem Mann das Glück, so herrscht Er,
und erficht im Felde Ruhm;
und haben Ihm die Götter Unglück zubereitet,
So fällt Er ..
Der Erstling von den Seinen
In den schönen Tod ...
Allein des Weibes Glück ist enggebunden;
Sie dankt Ihr Wohl stets andern, öfters Fremden;
und wann Zerstörung ihr Haus ergreift,
Führt Sie aus rauchenden Trümmern
durch der Erschlagenen Liebsten Blut
der Überwinder fort!
Auch hier an dieser heilgen Stätte
Hält Thoas mich in ehrenvoller Sklaverey!
Wie schwer wird's mir, dir wider Willen dienen
O Ewigreine Göttinn! Retterinn!
dir sollte – dir mein Leben
Zum ew'gen Dienst geweyht sein!
Auch hab' ich stets auf dich gehofft!
und hoffe noch, Diana! die du mich –
verstoßne Tochter des größten Königes
In deinen heil'gen sanften Arm genommen!
Ja! Tochter Jovis!
Hast du den Mann, deß Tochter du fodertest;
Hast du den Göttergleichen Agamemnon,
Der dir sein Liebstes zum Altare brachte;
Hast du den glücklich von dem Felde
Der umgewandten Troja
Mit Ruhm nach seinem Vaterlande
Zurückbegleitet?
Hast du meine Geschwister
Elektern und Orest den Knaben
und unsre Mutter – Ihm zu Hause

den schönen Schatz bewahret ....
So rette mich – ..
die du vom Tode mich gerettet!
Auch von dem Leben hier,
Dem zweyten Tode!   Ebd. S. 56

Prosafassung 1779. Auszug aus III,1:

IPHIG. Unsterbliche auf euren reinen Wolcken habt ihr nur
darum diese Jahre her von Menschen mich gesondert
und die kindliche Beschäftigung, auf dem Altar das reine
Feuer zu erhalten mir aufgetragen, und meine Seele diesem Feuer gleich in ew'ger Klarheit zu euch aufgezogen,
daß ich so spät die schwehre Thaten erfahren soll. O sag'
mir vom Unglücklichen, sag' von Oresten!

OR. Es wär' ihm wohl, wenn man von seinem Tode auch sagen könnte. Wie gährend stieg aus der erschlagenen Blut
der Mutter Geist und ruft den alten Töchtern der Nacht,
die auf den Mord der Blutsverwandten die hergebrachten
Rechte wie ein hungrig Heer von Geiern rastlos verfolgen, sie ruft sie auf und die alten Schreckniße, der Zweifel und die Reue und die zu spät sich ewig in sich selbst
verzehrende und nährende Betrachtung und Ueberlegung der That, die schon gethan ist, steigen wie ein
Dampf vom Acheron vor ihnen auf, und nun berechtigt
zum Verderben treten sie den schönen Boden der Gottbesäten Erde wovon sie längst hinweggebannt sind. Den
Flüchtigen verfolgt ihr schneller Fuß und geben keine
Rast, als wieder neu zu schröken.

IPHIG. Unseliger! du bist im gleichen Fall und fühlst was er
der arme Flüchtling leidet.

OR. Was sagst du mir, was wähnst du gleichen Fall?

IPHIG. Den Bruder Mord, der dich auch schuldgen drückt,
vertraute mir dein jüngster.

OR. Ich kan nicht leiden, daß du grose Seele betrogen wirst.

Ein lügenhaft Gewebe mag mistrauisch ein Fremder dem
andern zur Falle, vor die Füße knüpfen. Zwischen uns
sei Wahrheit. Ich bin Orest! und dieses schuldge Haupt
senckt nach der Grube sich und sucht den Tod. In Jeglicher Gestalt sei er willkommen. Wer du auch seist so
wünsch ich dir Errettung und meinen Freund, nicht mir.
Du scheinst hier ungern zu verweilen, erfindet Rath zur
Flucht und laßt mich hier, laß meinen, vor dem Altar der
Göttin, entseelten Cörper vom Felß in's Meer gestürzt,
mein drüber rauchend Blut Fluch auf das Ufer der Barbaren bringen, und geht, daheim, im schönen Griechenland, ein neues Leben freundlich anzufangen.

Ebd. S. 56/58/60.

Fassung in freien Jamben 1780: Auszug aus III,1, V. 979–
1038:

IPHIGENIE. unsterbliche! auf Euern Wolken
    Habt Ihr nur darum diese Jahre her
    von Menschen mich gesondert!
    und die kindliche Beschäftigung,
    Auf dem Altar das reine Feuer zuerhalten
    Mir aufgetragen,
    und meine Seele diesem Feuer gleich
    In ew'ger Klarheit zu Euch aufgezogen,
    Daß ich so spät die schweeren Thaten
    Erfahren soll.
    O sag mir vom unglücklichen!
    Sag von Oresten!
OREST. Es wär' ihm wohl;
    Wenn man von seinem Tod' auch sagen könnte!
    Wie gährend stieg aus der Erschlagnen Blut
    der Mutter Geist
    und ruft den alten Töchtern der Nacht
    die auf den Mord der Blutsverwandten

die hergebrachten Rechte,
wie ein hungrig Heer von Geyern rastlos verfolgen.
Sie ruft sie auf
und die alten Schröckniße;
der Zweifel und die Reue – und die zu späth
Sich ewig in sich selbst verzehrende
und nährende Betrachtung und überlegung
der That, die schon gethan ist,
Steigen wie ein Dampf vom Acheron
vor ihnen auf,
und nun berechtigt zum Verderben treten sie
den schönen Boden der Gottbesäten Erde,
Wovon sie längst hinweggebannt sind.
Den flüchtigen verfolgt ihr schneller Fuß;
und geben keine Rast, als wieder neu zuschröcken.
IPHIGENIE. unseeliger! du bist in gleichem Fall,
und fühlst, was Er der arme Flüchtling leidet.
OREST. Was sagst du mir? was wähnst du gleichen Fall?
IPHIGENIE. den Brudermord, der dich auch schuld'gen
                                   drückt,
vertraute mir dein Jüngster.
OREST. Ich kann nicht leiden, daß du große Seele
Betrogen wirst.
Ein lügenhaft Gewebe mag mistrauisch
Ein Fremder dem andern zur Falle
vor die Füße knüpfen!
Zwischen uns sey Wahrheit!
Ich bin Orest!
und dieses schuld'ge Haupt senkt nach der Grube sich
und sucht den Tod.
In jeglicher Gestalt sey Er willkommen!
Wer du auch seyst,
So wünsch' ich dir Errettung –
und meinem Freund; Nicht mir!
Du scheinst hier ungern zuverweilen;
Erfindet Rath zur Flucht!

und laßt mich hier! Laß meinen
vor dem Altar der Göttinn entseelten Körper
Vom Fels ins Meer gestürzt,
Mein drüber rauchend Blut
Fluch auf das ufer der Barbaren bringen –
und geht daheim im schönen Griechenland
Ein neües Leben glücklich anzufangen.

Ebd.

Fassung in rhythmischer Prosa 1781. Auszug aus III,1:

IPHIGENIE. Unsterbliche auf euren reinen Wolken! habt ihr
nur darum diese Jahre her von Menschen mich gesondert, die kindliche Beschäftigung, auf dem Altar das reine
Feuer zu erhalten mir aufgetragen und meine Seele diesem Feuer gleich in ew'ger Klarheit zu euch aufgezogen,
daß ich so spät die schwere Thaten erfahren soll! O sag'
mir vom Unglücklichen, sag' von Oresten!

OREST. Es wär' ihm wohl wenn man von seinem Tode auch
sagen könnte. Wie gährend stieg aus der Erschlagnen
Blut der Mutter Geist und ruft der Nacht uralten Töchtern zu: Laßt nicht den Muttermörder entfliehn! Verfolgt
den Verbrecher, euch ist er geweiht! Sie horchen auf! Ihr
holer Blick schaut mit der Gier des Adlers um sich her.
Sie rühren sich in ihren schwarzen Hölen, und aus den
Winkeln schleichen ihre Gefährten, der Zweifel und die
Reue leis herbey. Ein Dampf vom Acheron steigt vor ihnen herauf, in seinen wolkigen Kreysen wälzt sich die
ewige Betrachtung und Ueberlegung der geschehenen
That verwirrend um des Schuldigen Haupt. Und sie, berechtigt zum Verderben, treten den schönen Boden der
gottbesäten Erde wovon sie längst hinweggebannt sind.
Den Flüchtigen verfolgt ihr schneller Fus und geben keine Rast, als wieder neu zu schrecken.

IPHIGENIE. Unseeliger! du bist im gleichen Fall! und fühlst
was er der arme Flüchtling leidet.

OREST. Was sagst du mir, was wähnst du gleichen Fall?

IPHIGENIE. Dein Jüngster vertraute mir den Brudermord, der dich, auch Schuldgen drückt.

OREST. Ich kann nicht leiden, daß du, große Seele, betrogen wirst. Ein lügenhaft Gewebe mag mistrauisch ein Fremder dem andern zur Falle vor die Füsse knüpfen. Zwischen uns sey Wahrheit. Ich bin Orest! und, dieses schuld'ge Haupt senkt nach der Grube sich und sucht den Tod. In ieglicher Gestalt sey er willkommen. Wer du auch seyst, so wünsch' ich dir Errettung und meinem Freund, nicht mir. Du scheinst hier ungern zu verweilen: erfindet Rath zur Flucht und laßt mich hier. Laß meinen vor'm Altar der Göttin entseelten Körper vom Fels in's Meer gestürzt, mein drüber rauchend Blut Fluch auf das Ufer der Barbaren bringen, und geht, daheim im schönen Griechenland' ein neues Leben freundlich anzufangen.

Ebd. S. 57/59/61.

Prosafassung 1779. III,3:

OREST. Seid ihr auch schon herabgekommen! Wohl Schwester dir! noch fehlt Electra! Ein gütiger Gott send uns die eine mit sanften Pfeilen auch schnell herab. Dich armer Freund muß ich bedauern. Kommt mit! kommt mit zu Plutos Thron, es ziemt den Gästen den Wirt mit Grus zu ehren.

IPHIG. Geschwister! die ihr an den weiten Himmel das schöne Licht bey Tag und Nacht heraufbringt, und den Abgeschiedenen nimmer leuchtet, erbarmt euch unser. Du weist Diana wie du deinen Bruder vor allen liebst was Erd' und Himmel fast und sehnend immer dein Angesicht nach seinem ewgen Lichte wendest, laß meinen einigen, spätgefundenen nicht in der Finsternis des Wahnsinns rasen, und ist dein Wille, daß du hier mich bargst nunmehr vollendet, willst du mir durch ihn, und

ihn durch mich die seelge Rettung geben, so lös' ihn von
den Banden der Furien, daß nicht die teure Zeit der Rettung uns entgehe.

PYL. Erckennst du uns und diesen heil'gen Hain und dieses
Licht das nicht den Toden leuchtet, fühlst du den Arm
des Freundes und der Schwester die dich noch fest noch
lebend halten. Faß' uns an! wir sind nicht leere Schatten.
Mercke auf das Wort und raffe dich zusammen, denn ie-
der Augenblick ist teuer unsre Rückkehr hängt an einen
zarten Faden.

OR. Laß mich zum erstenmale seit meinen Kinder Jahren in
deinen Armen ganz reine Freude haben. Ihr Götter, die
ihr mit entsezlichen Flammen die schweere Gewitterwol-
cken aufzehrt und eure Gnadengaben, euren fruchtbaren
Regen mit fürchterlichen Donnerschlägen auf eure Erde
schmettert und so die grausende Erwartung der Menschen sich in heilsamen Seegen auflöst, wenn die Sonn
mit den Blättertropfen spielt und ieden grauen Rest getrennter Wolcken mit bunter Freundlichkeit die leichte
Iris forttreibt! – Laßt mich auch so in euern Armen
dancken – Mich dünckt ich höre der Erinnen fliehend
Chor die Thore des Tartarus hinter sich fern ab don-
nernd zu schlagen. Mich dünckt die Erde dämpft mir
wieder erquickenden Geruch, und läd' mich ein auf ihren
flächen wieder nach Lebens Freude und großer That zu
jagen.

PYL. Versäumt die Zeit nicht, die uns übrig bleibt, und laßt
den Wind der unser Seegel schwellt erst unsre volle Freude zum Olympus bringen. Kommt! es bedarf hier
schnellen Rath und Schluß.   Ebd. S. 72/74/76.

Fassung in freien Jamben 1780. III,3:

OREST. Seyt auch Ihr schon herabgekommen?
  wohl, Schwester, dir!

Noch fehlt Elektra!
Ein güt'ger Gott send' uns die Eine
Mit sanften Pfeilen auch so schnell herab!
dich, armer Freund muß ich bedauern!
Kommt mit! Kommt mit zu Plutos Thron!
Es ziemt den Gästen,
den Wirth mit Gruß zuehren.

IPHIGENIE. Geschwister! die Ihr an dem weiten Himmel
das Licht bey Tag und Nacht heraufbringt!
und den Abgeschiednen nimmer leuchtet ...
Erbarmt Euch unser!
du weißt Diana –
wie du deinen Bruder vor allen liebst,
was Erd' und Himmel faßt!
und segnend immer dein Angesicht
Nach seinem ew'gen Lichte wendest!
Laß meinen einigen späthgefundnen
Nicht in der Finsterniß des Wahnsinns rasen!
und ist dein Wille, daß du hier mich bargst,
Nunmehr vollendet;
willst du mir durch ihn, und ihm durch mich
die seel'ge Rettung geben;
So lös Ihn von den Banden der Furien,
daß nicht die theure Zeit
der Rettung uns entgehe!

PYLADES. Erkennst du uns und diesen heil'gen Hayn?
und dieses Licht, das nicht den Todten leuchtet?
Fühlst du den Arm des Freündes und der Schwester,
Die dich noch lebend halten?
Faß uns an!
Wir sind nicht leere Schatten!
Merk auf das Wort und raffe dich zusammen!
denn jeder Augenblick ist theuer;
unsre Rückkehr hängt an einem zarten Faden!

OREST. Laß mich zum erstenmal seit meinen Kinderjahren
In deinen Armen ganz reine Freude haben!

Ihr Götter, die ihr mit entsetzlichen Flammen
die schweeren Gewitterwolken aufzehrt!
und Eüre Gnadengaben, Euern fruchtbaren Regen
Mit fürchterlichen Donnerschlägen
Auf Eure Erde schmettert
und so die grausende Erwartung der Menschen sich
In heilsamen Seegen auflößt,
wenn die Sonne mit den Blätertropfen spielt,
und jeden grauen Rest getrennter Wolken
Mit bunter Freundlichkeit
die leichte Iris forttreibt!
Laßt mich auch so in Euern Armen danken!
Mich dünkt, ich höre der Erinnen fliehend Chor
Die Thore des Tartarus hinter sich
Fernabdonnernd zuschlagen.
Mich dünkt, die Erde dämpft mir wieder
Erquickenden Geruch,
und lad' mich ein, auf ihren Flächen wieder
Nach Lebensfreud' und großer That zujagen.
PYLADES. Versäumt die Zeit nicht, die uns übrig bleibt!
und laßt den wind, der uns're Seegel schwellt,
Erst unsre volle Freude zum Olympus bringen!
Kommt! Es bedarf hier schnellen Rath und Schluß.

                                                        Ebd.

Prosafassung 1779. Auszug aus V,5 (»Parzenlied«):

IPHIGENIE *allein*. Folgen muß ich ihm, denn der Meinigen
    grose Gefahr seh' ich vor Augen. Doch will mirs bange
    werden, über mein eigen Schicksaal. Vergebens hoft ich
    still verwahrt von meiner Göttin den alten Fluch von un-
    sern Hauß ausklingen zu laßen, und durch Gebet und
    Reinheit die Olympier zu versühnen. Kaum wird mir in
    Armen mein Bruder geheilt, kaum naht ein Schiff ein
    lang erflehtes, mich an die Stäte der lebenden Vater Welt

zu leiten, wird mir ein doppelt Laster von der tauben
Noth geboten, Das heilige mir anvertraute Schuzbild
dieses Ufers wegzurauben und den König zu hintergehn.
Wenn ich mit Betrug und Raub beginn, wie will ich Seegen bringen und wo will ich enden? Ach warum scheint
der Undanck mir wie tausend andern nicht ein leichtes
unbedeutendes Vergehn. Es sangen die Parzen ein grausend Lied, als Tantal fiel vom goldnen Stuhl, die Alten
litten mit ihrem Freund. Ich hört es oft! In meiner Jugend sangs eine Amme uns Kindern vor. Es fürchte die
Götter das Menschen-Geschlecht, sie haben Macht, und
brauchen sie, wies ihnen gefällt, der fürchte sie mehr den
sie erheben, auf schroffen Klippen stehn ihre Stühle um
den goldnen Tisch. Erhebt sich ein Zwist so stürzt der
Gast unwiederbringlich ins Reich der Nacht, und ohne
Gericht ligt er gebunden in der Finsternis. Sie aber lassen
sichs ewig wohlseyn am goldnen Tisch. Von Berg zu
Bergen schreiten sie weg und aus der Tiefe dampft ihnen
des Riesen erstickter Mund gleich andern Opfern ein
leichter Rauch. Von ganzen Geschlechtern wenden sie
weg ihr seegnend Aug und haßen im Enckel die ehmals
geliebten und nun verworfnen Züge des Anherrn. So
sangen die Alten und Tantal horcht in seiner Höle,
denckt seine Kinder und seine Enckel und schüttelt das
Haupt.   Ebd. S. 96/98.

Fassung in freien Jamben 1780. Auszug aus V,5, V. 1688–
1745 (»Parzenlied«):

IPHIGENIE. *(allein)* Folgen muß ich ihm,
   denn der Meinigen große Gefahr
   Seh' ich vor Augen!
   doch will mir's bange werden
   über mein eigen Schicksal.
   vergebens hofft' ich stillverwahrt von meiner Göttinn,

den alten Fluch von unserm Haus
ausklingen zulassen;
und durch Gebeth und Reinheit
die Olympier zu versöhnen ...
Kaum wird mir in Armen ein Bruder geheilt,
Kaum naht ein Schiff, ein lang erflehtes,
Mich an die Stätte der lebenden Vaterwelt zu leiten ..
wird mir ein doppelt Laster
von der tauben Noth geboten –
das heilige, mir anvertraute Schutzbild dieses ufers
wegzurauben –
und den König zu hintergehn!
wenn ich mit Betrug und Raub beginn,
wie will ich Seegen bringen?
und, wo will ich enden?
Ach! warum scheint der undank mir wie tausend andern
Nicht ein leichtes, unbedeutendes Vergehn?

Es sangen die Parzen ein grausend Lied;
Als Tantal fiel vom goldnen Stuhl.
die Alten litten mit ihrem Freund.
Ich hört' es oft! Ich hört' es oft ..
In meiner Jugend sangs eine Amme uns Kindern vor:

Es fürchte die Götter
Das Menschengeschlecht!
Sie haben Macht –
und brauchen sie, wie's ihnen gefällt.
der furchte sie mehr,
den sie erheben!
Auf schroffen Klippen
Stehn ihre Stühl' um den goldenen Tisch!
Erhebt sich ein Zwist,
So stürzt der Gast
unwiederbringlich ins Reich der Nacht ..
und ohne Gericht liegt er gebunden

In der Finsterniß.
Sie aber laßen sich's ewig wohl seyn
Am goldenen Tisch!
von Berg zu Bergen schreiten sie weg,
und aus der Tiefe
dampft Ihnen
Des Riesen erstickter Mund
Gleich andern Opfern ein leichter Rauch.
Von ganzen Geschlechtern
wenden sie weg
Ihr seegnend Aug,
und haßen im Enkel
Die ehmals geliebten
und nun verworfnen Züge des Anherrn.

So sangen die Alten;
und Tantal horcht in seiner Höhle,
denkt seine Kinder und seine Enkel,
und schüttelt das Haupt.

Ende des vierten Aktes.

Ebd.

Fassung in rhythmischer Prosa 1781. Auszug aus V,5 (»Parzenlied«):

IPHIGENIE *allein.* Folgen muß ich ihm, denn der Meinigen grosse Gefahr seh' ich vor Augen. Doch will mirs bange werden, über mein eigen Schicksal. Vergebens hofft ich still verwahrt bey meiner Göttin den alten Fluch über unser Haus verklingen zu lassen, und durch Gebet und Reinheit die Olympier zu versühnen. Kaum wird mir in Armen ein Bruder geheilt, kaum naht ein Schiff ein lang erflehtes, mich an die Säte der lebenden Vater-Welt zu leiten, wird mir ein doppelt Laster von der tauben Noth geboten. Das heilige mir anvertraute Schuzbild dieses Ufers wegzurauben, und den König zu hintergehn.

Wenn ich mit Betrug und Raub beginne, wie will ich Seegen bringen, und wo will ich enden? Ach warum scheint
der Undank mir, wie tausend andern nicht ein leichtes
unbedeutendes Vergehn! Es sangen die Parzen ein grausend Lied, als Tantal fiel vom goldnen Stuhl, die Alten
litten mit ihrem Freund. Ich hört es oft! In meiner Jugend sang's eine Amme uns Kindern vor.

»Es fürchte die Götter das Menschengeschlecht! sie haben Macht, und brauchen sie, wie's ihnen gefällt; der
fürchte sie mehr, den sie erheben! Auf schroffen Klippen
stehn ihre Stühle um den goldnen Tisch. Erhebt sich ein
Zwist, so stürzt der Gast unwiderbringlich in's Reich der
Nacht, und ohne Gericht liegt er gebunden in der Finsterniß. Sie aber lassen sich's ewig wohl seyn am goldnen
Tisch. Von Berg zu Bergen schreiten sie weg, und aus der
Tiefe dampft ihnen des Riesen erstickter Mund, gleich
andern Opfern ein leichter Rauch. Von ganzen Geschlechtern wenden sie weg ihr segnend Aug' und hassen
im Enkel die ehmals geliebten und nun verworfnen Züge
des Anherrn.«

So sangen die Alten und Tantal horcht in seiner Höle,
denkt seine Kinder und seine Enkel und schüttelt das
Haupt.   Ebd. S. 97/99.

V. Dokumente zur Wirkung

LOUISE VON GÖCHHAUSEN (1752–1807), Weimarer Hofdame, an Frau Rat Goethe in Frankfurt. Weimar, 12. April 1779:

»Daß der Herr Doctor seiner Schuldigkeit gemäß seine treffliche Iphigenie wird überschickt haben oder noch schickt, hoffe ich gewiß. Ich will mich also alles Geschwätzes darüber enthalten und nur so viel sagen, daß er seinen Orest meisterhaft gespielt hat. Sein Kleid, so wie des Pylades seins war Grigisch, und ich hab ihm in meinem Leben noch nicht so schön gesehn. Ueberhaupt wurde das ganze Stück so gut gespielt –, daß König und Königin hätten sagen mögen: Liebes Löbchen brülle noch einmal!
Heute wirds wieder aufgeführt, und so herzlich ich mich darauf freue, so glauben Sie mir, daß ich sehr seelig seyn würde, wenn ich den Mütterlichen Herzen meinen Platz geben könte.«

Die Göchhausen. Briefe einer Hofdame aus dem klassischen Weimar. Hrsg. von Werner Deetjen. Berlin: Mittler, 1923. S. 20.

FRIEDRICH HEINRICH JACOBI (1743–1819), Jugendfreund Goethes, Schriftsteller, Philosoph, später in größerer Distanz zu Goethe, an Wilhelm Heinse. Düsseldorf, 20. Oktober 1780:

»Er [Knebel] hat uns Goethes letztes Werk, die Iphigenia in Tauris, vorgelesen, ein regelmäßiges Trauerspiel. ... Nach unserm einhelligen Urteil ist das Ganze ziemlich weit unter Goethes früheren Arbeiten.«

Johann Wolfgang von Goethe: Werke. Hamburger Ausgabe in 14 Bänden. Bd. 5: Dramatische Dichtungen III. 9., neubearb. Aufl. München: C. H. Beck, 1981. [Im Folgenden zit. als: HA V.] S. 410.

Georg Melchior Kraus (1737–1806):
Goethe als Orest, Corona Schröter als Iphigenie
Ölgemälde (1779)

Johann Jakob Bodmer (1698–1783), Schweizer Philosoph
und Ästhetiker, Vorbereiter der Empfindsamkeit, an Pfarrer
Schinz. Zürich, 25. Januar 1782:

»Ich habe ein Manuskript von Goethes Iphigenia in Tauris
gesehen, welches ich mehr anstaune als beneide. Man erzählt da in Monologen, die Personen antworten einander in
Sentenzen, Iphigenia hört Orestes, der sich ihr entdeckt,
mit frommen Betrachtungen und hat die Gewalt über sich,
daß sie ihm nicht in die Arme springt. Thoas kömmt in
Wut, und wird durch Raisonnements besänftiget. Das dé-
nouement [die Auflösung des dramatischen Konflikts] entsteht durch Raisonnements. Es fehlt überall an Ausführung
und Ausbildung. Durchgehends herrscht in dem Stil eine
Art von Phöbus *[= Schwulst]*, die aufgelöst Dunst oder
Falschheit wird.«   Ebd. S. 410. f.

Bodmer an Christoph Heinrich Myller. Zürich, 26. März 1782:

»Ich bin unglücklich, [...] daß ich Goethens Iphigenie für
schlechter als das schlechteste unter Senecas Trauerspielen
halte, denn ich habe sie in Manuskript gelesen. Er tut wohl,
daß er sie dem Publico vorenthält.«   Ebd. S. 411.

Justus Möser (1720–1794), Historiker, Staatsmann und
Schriftsteller mit Einfluss vor allem auf den jungen Goethe,
an seine Tochter Jenny von Voigts. Osnabrück, 20. Juli 1782:

»Es ist nach meiner Empfindung eine so genaue griechische
Sitte, Tugend und Denkungsart drinne, daß ich mich erst
einige Zeit wieder in dem alten Griechenlande aufhalten
müßte, um den wahren Wert davon zu fühlen und darnach
zu urteilen. Die Verbindung des Simpeln und Hohen, des
Wahren und Großen, sowohl in den Taten als in den Gedanken, die Herr Goethe so glücklich getroffen hat, habe
ich beim Durchlesen mächtig gefühlet, aber ich vermag sie

so wenig deutlich zu denken als auszudrücken. ... Ich
zweifle indessen doch, daß die Iphigenie bei der Vorstellung unser deutsches Publikum rühren werde. Dieses ist zu
sehr von jenen Zeiten entfernt und durch die französische
Zärtlichkeit zu verwöhnt, um sich zu ihr hinaufempfinden
zu können. Es scheint mir durchaus ein Stück für Kenner
zu sein, und wie wenig gibt es derer?«   Ebd.

CHRISTOPH MARTIN WIELAND (1733–1813), Nr. 3 der *Briefe an einen jungen Dichter* (1784):

»[...] wer die Ifigenia in Tauris, eine noch unge-
druckte Tragödie in Jamben, von eben diesem Verfasser
[des Götz von Berlichingen], eben so ganz im Geiste
des Sofokles als sein Götz im Geiste Shakespears geschrieben, und (wenn ja in Regelmäßigkeit ein
so großer Wert liegt) regelmäßiger als irgend ein
Französisches Trauerspiel, – wer (sage ich) diese
Ifigenia gelesen, oder gehört hat: wird keinem warmen
Freunde unsrer Litteratur verdenken, wenn ihm, auch in
Absicht dieses Falles, einige demütige Zweifel gegen
Meister Panglossens Lieblingssatz aufstoßen. Welcher andre, als ein Dichter, der, je nachdem ihn sein Genius
trieb, mit gleich glücklichem Erfolge, mit Shakespearn oder
Sofokles um den Preis ringen konnte, würde geschickter
gewesen sein den Gebrechen unsrer Schaubühne abzuhel-
fen, den Ausschweifungen der Nachahmer Einhalt zu tun,
und durch Verbindung der Natur, welche die Seele von
Shakespears Werken ist, mit der schönen Einfalt der
Griechen, und mit der Kunst und dem Geschmacke,
worauf die Franzosen sich so viel zu gute tun, unsrer dramatischen Muse einen eigentümlichen Karakter und einen
Vorzug zu verschaffen, den ihr keine andre Nation so leicht
hätte streitig machen können?«

Christoph Martin Wieland: Sämmtliche Werke.
Suppl.-Bd. 6. Leipzig: Göschen, 1798. S. 281 f.

Augustus Wilhelm Iffland (1759–1814), Schauspieler, Theaterschriftsteller und Regisseur, u. a. am Weimarer Hoftheater erfolgreich, an Wolfgang Heribert von Dalberg. Hannover, 2. Oktober 1785:

»Ich habe denn auch in Hannover den 1ten, 3ten und 5ten Akt von Goethes Iphigenie gelesen. Denn ich bekam sie nur auf eine Stunde, da Goethe sehr geheimnisvoll damit ist – aber ich finde nicht, was man davon sagte! Sein sollende griechische Simplizität, die oft in Trivialität ausartet – son derbare Wortfügung, seltsame Wortschaffung, und statt Erhabenheit oft solche Kälte als die, womit die Ministerialrede beim Bergbau zu Ilmenau geschrieben ist.«

HA V. S. 412.

Carl Ludwig von Knebel (1744–1834), Weimarer Hofmann und Goethes lebenslanger Freund, der den ersten Kontakt zwischen dem Weimarer Hof und dem jungen Frankfurter Schriftsteller herstellte, an Herder. Jena, 2. März 1787:

»Sie [Goethes *Iphigenie*] hat mir ein unaussprechlich süßes Vergnügen gemacht, da der vollen, reifen Frucht nun nichts zu vergleichen ist. Es liegt für den Liebhaber der Kunst bei Vergleichung mit dem ersten Original ein Begriff von Ausbildung darinnen, der den Dichter so hoch stellt, als beinahe die Erschaffung des Werkes selbsten.«

Ebd.

Wieland in einer Anzeige von *Goethes Schriften. Bd. 1–4*:

»I p h i g e n i e scheint bis zur Täuschung, sogar eines mit den Griechischen Dichtern wohl bekannten Lesers, ein alt griechisches Werk zu sein; der Zauber dieser Täuschung liegt teils in der Vorstellungsart der Personen und dem genau beobachteten Costum, teils und vornehmlich in der Sprache; der Verf. scheint sich aus dem Griechischen eine Art von Ideal [...] gebildet und nach selbigem gearbeitet zu haben.«

C. M. W. In: Der Teutsche Merkur. September 1787. S. 123.

Rezension von »*Goethe's Schriften. 3. Band*«. In: *Gothaische gelehrte Zeitungen*, 20. Oktober 1787:

»So glücklich er uns im Götz von Berlichingen die Menschen schildert, wie sie vor dreihundert Jahren handelten, dachten und fühlten, so wahr und glücklich ist in der Iphigenie die Darstellung der Menschen, wie vor dritthalbtausend Jahren Griechenland sie hervorbrachte. Keine andere, als die Muse, die den Euripides begeisterte, kann unserm Dichter dieses Schauspiel eingegeben haben, das, wenn Euripides es gedichtet hätte, das Meisterstück des Euripides wäre. Welch eine Simplizität, und doch zugleich welch ein Interesse im Gang und Plane des Ganzen, welch eine Wahrheit und edle Einfalt in den Charakteren und Gesinnungen!«   HA V. S. 412.

FRANS HEMSTERHUIS (1721–90), niederländischer Philosoph und Kunsttheoretiker, an die Fürstin Gallitzin. Den Haag, 18. März 1788:

»Pour l'Iphig[énie] je ne conçois pas comment Göthe a ssu attraper aussi parfaitement le ton d'Euripide, à moins qu'il n'ait eu un temps dans sa vie, où il ait lu le grec comme sa langue. Sa Pièce vaut mieux que celle d'Euripide, et il a sauvé bien des sottises à Thoas. Je voudrois qu'il entre en lice avec Euripide dans une Iphigénie en Aulide.«   Ebd.

FRIEDRICH SCHILLER (1759–1805), *Über die Iphigenie auf Tauris*, 1789:

»Hier sieht man ihn [Goethe] ebenso und noch weit glücklicher mit den griechischen Tragikern ringen, als er in seinem ›Götz von Berlichingen‹ mit dem britischen Dichter gerungen hat. In griechischer Form, deren er sich ganz zu bemächtigen gewußt hat, die er bis zur höchsten Verwechslung erreicht hat, entwickelt er hier die ganze schöpferische

Kraft seines Geistes und läßt seine Muster in ihrer eignen Manier hinter sich zurücke.

Man kann dieses Stück nicht lesen, ohne sich von einem gewissen Geiste des Altertums angeweht zu fühlen, der für eine bloße, auch die gelungenste Nachahmung viel zu wahr, viel zu lebendig ist. Man findet hier die imponierende große R u h e, die jede Antike so unerreichbar macht, die Würde, den schönen Ernst, auch in den höchsten Ausbrüchen der Leidenschaft – dies allein rückt dieses Produkt aus der gegenwärtigen Epoche hinaus, daß der Dichter gar nicht nötig gehabt hätte, die Illusion noch auf eine andere Art – die fast an Kunstgriffe grenzt – zu suchen, nämlich durch den Geist der Sentenzen, durch eine Überladung des Dialogs mit Epitheten [schmückenden Beiwörtern], durch eine oft mit Fleiß schwerfällig gestellte Wortfolge und dergleichen mehr – die freilich auch an Altertum und oft allzustark an seine Muster erinnern, deren e r aber um so eher hätte entübrigt sein können, da sie wirklich nichts zur Vortrefflichkeit des Stücks beitragen und ihm ohne Notwendigkeit den Verdacht zuziehen, als wenn er sich mit den Griechen in ihrer ganzen Manier hätte messen wollen.

[...]

Hätte die neuere Bühne auch nur dieses einzige Bruchstück aufzuweisen, so könnte sie damit über die alte triumphieren. Hier hat das Genie eines Dichters, der die Vergleichung mit keinem alten Tragiker fürchten darf, durch den Fortschritt der sittlichen Kultur und den mildern Geist unsrer Zeiten unterstützt, die feinste edelste Blüte moralischer Verfeinerung mit der schönsten Blüte der Dichtkunst zu vereinigen gewußt und ein Gemälde entworfen, das mit dem entschiedensten Kunstsiege auch den weit schönern Sieg der Gesinnungen verbindet und den Leser mit d e r höheren Art von Wollust durchströmt, an der der ganze Mensch teilnimmt, deren sanfter wohltätiger Nachklang ihn lange noch im Leben begleitet. Die wilden Dissonanzen der Leidenschaft, die uns bis jetzt im Charakter und in der

Situation des Orest zuweilen widrig ergriffen haben, lösen sich hier mit einer unaussprechlichen Anmut und Delikatesse in die süßeste Harmonie auf, und der Leser glaubt mit Oresten aus der kühlenden Lethe zu trinken. [...]
Was für ein glücklicher Gedanke, den e i n z i g m ö g l i c h e n Platz, den Wahnsinn, zu benutzen, um die schönere Humanität unsrer neueren Sitten in eine griechische Welt einzuschieben und so das Maximum der Kunst zu erreichen, ohne seinem Gegenstand die geringste Gewalt anzutun! – Vor und nach dieser Szene sehen wir den edlen Griechen; nur in dieser einzigen Szene erlaubt sich der Dichter, und mit allem Rechte, eine höhere Menschheit uns gleichsam zu avancieren!«

S.s Sämtliche Werke. Säkular-Ausgabe. Bd. 16: Vermischte Schriften. Stuttgart/Berlin: J. G. Cotta, 1805. S. 196 f., 220 f., 222.

GOETHE in der *Campagne in Frankreich 1792* (geschrieben 1820–22). Pempelfort, November 1792:

»Meine Freunde ... versuchten mancherlei, um frühere Gefühle durch ältere Arbeiten wieder hervorzurufen, und gaben mir Iphigenien zur abendlichen Vorlesung in die Hand; das wollte mir aber gar nicht munden, dem zarten Sinne fühlt' ich mich entfremdet, auch von andern vorgetragen war mir ein solcher Anklang lästig. Indem aber das Stück gar bald zurückgelegt ward, schien es, als wenn man mich durch einen höhern Grad von Folter zu prüfen gedenke. Man brachte ›Ödipus auf Kolonos‹, dessen erhabene Heiligkeit meinem gegen Kunst, Natur und Welt gewendeten, durch eine schreckliche Campagne verhärteten Sinn ganz unerträglich schien; nicht hundert Zeilen hielt ich aus.«

HA V. S. 408.

WILHELM VON HUMBOLDT (1767–1835), Wissenschaftler, Bildungsreformer und Staatsmann, der zum mittleren und späten Goethe eine tiefe Freundschaft unterhielt, an Christian Gottfried Körner. Paris, 21. Dezember 1797:

»[...] Goethens Iphigenie. An dieser ist es recht klar, wie anders wir und wie anders die Alten dichteten. Hier nun ist der Stoff ganz antik, großenteils sogar die Charaktere und Ideen, und der deutsche Dichter hat dem Stück gar keine Pracht, gar keinen äußern Glanz gegeben. Er hat alles allein in den inneren Gehalt gelegt; lassen Sie sie von den besten, auf die malerische Darstellung geübtesten Schauspieler[n] spielen, und sie wird von dieser Seite kaum nur soviel Wirkung machen als eine irgend gute und treue Übersetzung eines griechischen Stücks, der Eindruck wird durch dieses Spiel verstärkt werden, aber nicht eigentlich modifiziert, nicht in seinem Wesentlichen umgeändert, die hohe, stille und bescheidene Größe des Innern wird immer ihr Recht behaupten, nur sie allein wird zur Seele des Zuschauers sprechen, und nur ihr wird seine tiefe Rührung huldigen. Um noch jene Wirkung damit zu verbinden, hätte sie anders gearbeitet sein müssen. Gerade diese Art aber ist Goethen fremd, den äußern Glanz der Diktion, den Reichtum der Bilder, die Fülle der Harmonie vermißt man nicht selten bei ihm. Er scheut nicht einen prosaischen Ausdruck, fürchtet sich nicht vor dem, was in einer einzelnen Stelle matt genannt werden könnte, und hat wenigstens nicht von Natur und beim ersten Wurf den reinen und vollen Rhythmus, der unleugbar mit zu den Elementen gehört, die ein vollendetes Gedicht bilden. Aber in Goethen (und darum verweile ich hier bei diesem Punkt, weil es die Eigentümlichkeit unserer Dichtungsart, unserer Nation und Zeit zeigt, die ich in Goethen in ihrem schönsten Lichte dargestellt finde) entsteht dies in der Tat nur durch die Vortrefflichkeit seiner Natur, nur dadurch, daß er im eminentesten Verstande des Worts Dichter ist. Die poetische Welt, die seine Einbildungskraft ihm bildet, hat eine Wahrheit, einen Zusammenhang, eine Wirklichkeit wie die reelle um ihn her, von der sie sich nur durch ihre Idealität unterscheidet. Er lebt in ihr wie in seiner Heimat; die Bilder stehen lebendig vor ihm da, alle seine Aufmerksamkeit, alles sein Streben ist nur auf sie gerichtet. Sie möchte er, ohne Verlust, ohne das mindeste ihrer Wahrheit aufzuopfern, vor die Phantasie des Zuhörers stellen, und gern würde er der Worte entbehren, wenn er eine andere Sprache kennte, das auszudrücken, was Er in der Seele trägt.« Ebd. S. 413 f.

SCHILLER an Goethe. Jena, 26. Dezember 1797:

»Ihr Hermann [und Dorothea, 1796/97] hat wirklich eine gewisse Hinneigung zur Tragödie, wenn man ihm den reinen strengen Begriff der Epopee gegenüberstellt. … Umgekehrt schlägt Ihre Iphigenie offenbar in das epische Feld hinüber, sobald man ihr den strengen Begriff der Tragödie entgegenhält. Vom Tasso will ich gar nicht reden. Für eine Tragödie ist in der Iphigenie ein zu ruhiger Gang, ein zu großer Aufenthalt, die Katastrophe nicht einmal zu rechnen, welche der Tragödie widerspricht. Jede Wirkung, die ich von diesem Stücke teils an mir selbst, teils an andern erfahren, ist generisch poetisch, nicht tragisch gewesen, und so wird es immer sein, wenn eine Tragödie, auf epische Art, verfehlt wird. Aber an Ihrer Iphigenia ist dieses Annähern ans Epische ein Fehler, nach meinem Begriff; an Ihrem Hermann ist die Hinneigung zur Tragödie offenbar kein Fehler, wenigstens dem Effekte nach ganz und gar nicht.« Ebd. S. 414.

SCHILLER an Goethe. Weimar, 7. Januar 1800:

»Ich habe heute Ihre Iphigenie durchgesehen und zweifle gar nicht mehr an einem guten Erfolg der Vorstellung. Es braucht nur gar weniges an dem Text zu diesem Gebrauch verändert zu werden, besonders in Hinsicht auf den mythologischen Teil, der für das Publikum in Massa zu kalt ist. Auch ein paar Gemeinsprüche würde ich dem dramatischen Interesse aufzuopfern raten, ob sie gleich ihren Platz sehr wohl verdienen. Mündlich mehr.«   Ebd.

SCHILLER an Goethe. Weimar, 20. Januar 1802:

»Ich werde nunmehr die Iphigenia mit der gehörigen Hinsicht auf ihre neue Bestimmung lesen, und jedes Wort vom Theater herunter, und mit dem Publikum zusammen, hören. Das, was Sie das Humane darin nennen, wird diese Probe besonders gut aushalten, und davon rate ich nichts wegzunehmen.«   Ebd. S. 415.

SCHILLER an Christian Gottfried Körner. Weimar, 21. Januar 1802:

»Hier wollen wir im nächsten Monat Goethes Iphigenia aufs Theater bringen; bei diesem Anlaß habe ich sie aufs neue mit Aufmerksamkeit gelesen, weil Goethe die Notwendigkeit fühlt, einiges darin zu verändern. Ich habe mich sehr gewundert, daß sie auf mich den günstigen Eindruck nicht mehr gemacht hat, wie sonst; ob es gleich immer ein seelenvolles Produkt bleibt. Sie ist aber so erstaunlich modern und ungriechisch, daß man nicht begreift, wie es möglich war, sie jemals einem griechischen Stück zu vergleichen. Sie ist ganz nur sittlich; aber die sinnliche Kraft, das Leben, die Bewegung und alles, was ein Werk zu einem echten dramatischen spezifiziert, geht ihr sehr ab. Goethe hat selbst mir schon längst zweideutig davon gesprochen – aber ich hielt es nur für eine Grille, wo nicht gar für Ziererei; bei näherem Ansehen aber hat es sich mir auch so bewährt. Indessen ist dieses Produkt in dem Zeitmoment, wo es entstand, ein wahres Meteor gewesen, und das Zeitalter selbst, die Majorität der Stimmen, kann es auch jetzt noch nicht übersehen; auch wird es durch die allgemeinen hohen poetischen Eigenschaften, die ihm ohne Rücksicht auf seine dramatische Form zukommen, bloß als ein poetisches Geisteswerk betrachtet, in allen Zeiten unschätzbar bleiben.«

Ebd.

SCHILLER an Goethe. Weimar, 22. Januar 1802:

»Ich habe, wie Sie finden werden, weniger Verheerungen in dem Manuskript angerichtet, als ich selbst erwartet hatte, vornehmen zu müssen; ich fand es von der Einen Seite nicht nötig und von einer andern nicht wohl tunlich. Das Stück ist an sich gar nicht zu lang, da es wenig über zweitausend Verse enthält, und jetzt werden die zweitausend nicht einmal voll sein, wenn Sie es zufrieden sind, daß die bemerkten Stellen wegbleiben. Aber es war auch nicht gut tunlich, weil dasjenige, was den Gang des Stücks verzögern könnte, weniger in einzelnen Stellen, als in der Haltung des Ganzen liegt, die für die dramatische Forderung zu reflektierend ist. ...

Da überhaupt in der Handlung selbst zu viel moralische Kasuistik herrscht, so wird es wohl getan sein, die sittlichen Sprüche selbst und dergleichen Wechselreden etwas einzuschränken.

Das Historische und Mythische muß unangetastet bleiben, es ist ein unentbehrliches Gegengewicht des Moralischen, und was zur Phantasie spricht, darf am wenigsten vermindert werden.

Orest selbst ist das Bedenklichste im Ganzen; ohne Furien kein Orest, und jetzt, da die Ursache seines Zustands nicht in die Sinne fällt, da sie bloß im Gemüt ist, so ist sein Zustand eine zu lange und zu einförmige Qual, ohne Gegenstand; hier ist eine von den Grenzen des alten und neuen

Trauerspiels. Möchte Ihnen etwas einfallen, diesem Mangel zu begegnen, was mir freilich bei der jetzigen Ökonomie des Stücks kaum möglich scheint; denn was ohne Götter und Geister daraus zu machen war, das ist schon geschehen. Auf jeden Fall aber empfehl ich Ihnen die Orestischen Szenen zu verkürzen.

Ferner gebe ich Ihnen zu bedenken, ob es nicht ratsam sein möchte, zur Belebung des dramatischen Interesse, sich des Thoas und seiner Taurier, die sich zwei ganze Akte durch nicht rühren, etwas früher zu crinnern und beide Aktionen, davon die eine jetzt zu lange ruht, in gleichem Feuer zu erhalten. Man hört zwar im zweiten und dritten Akt von der Gefahr des Orest und Pylades, aber man sieht nichts davon, es ist nichts Sinnliches vorhanden, wodurch die drangvolle Situation zur Erscheinung käme. Nach meinem Gefühle müßte in den zwei Akten, die sich jetzt nur mit Iphigenien und dem Bruder beschäftigen, noch ein Motiv ad extra eingemischt werden, damit auch die äußere Handlung stetig bliebe und die nachherige Erscheinung des Arkas mehr vorbereitet würde. Denn so wie er jetzt kommt, hat man ihn fast ganz aus den Gedanken verloren.

Es gehört nun freilich zu dem eigenen Charakter dieses Stücks, daß dasjenige, was man eigentlich Handlung nennt, hinter den Kulissen vorgeht, und das Sittliche, was im Herzen vorgeht, die Gesinnung, darin zur Handlung gemacht ist und gleichsam vor die Augen gebracht wird. Dieser Geist des Stücks muß erhalten werden, und das Sinnliche muß immer dem Sittlichen nachstehen; aber ich verlange auch nur so viel von jenem, als nötig ist um dieses ganz darzustellen.

Iphigenia hat mich übrigens, da ich sie jetzt wieder las, tief gerührt, wiewohl ich nicht leugnen will, daß etwas Stoffartiges dabei mit unterlaufen mochte. S e e l e möchte ich es nennen, was den eigentlichen Vorzug davon ausmacht.«

CHRISTIAN GOTTFRIED KÖRNER (1756–1831), Jurist, Freund und erster Biograph Schillers, an Schiller. Dresden, 30. Januar 1802:

»Was Du über Goethens Iphigenia schreibst, ist mir aus dem Gang, den Deine eigene poetische Ausbildung genommen hat, sehr begreiflich. Dies Werk von Goethe hat dadurch eben etwas Merkwürdiges, daß es sich *Deiner* frühern Manier nähert. Es fehlt ihm allerdings das Sinnliche, was wir in den Griechen finden, und nach dem Du jetzt strebst. Verstand und Gefühl finden reichen Genuß, aber die Phantasie wird vielleicht nicht befriedigt. Wohl dem Zeitalter, wenn es unsern Dichtern gelingt, mit einem solchen sittlichen und geistigen Gehalt das höchste sinnliche Leben zu verbinden. Opfer von einer oder der andern Art werden wohl unvermeidlich sein, und es möchte immer zweierlei Kunstwerke nebeneinander geben, wo entweder das Griechische oder das Moderne das Übergewicht hätte.«

Briefwechsel zwischen Schiller und Körner. Hrsg. von Klaus L. Berghahn. München: Winkler, 1973. S. 317.

GOETHE an Schiller. Jena, 19. März 1802:

»Mit der Iphigenie ist mir unmöglich etwas anzufangen; wenn Sie nicht die Unternehmung wagen, die paar zweideutigen Verse zu korrigieren, und das Einstudieren dirigieren wollen, so glaube ich nicht, daß es gehen wird, und doch wäre es in der jetzigen Lage recht gut.«   HA V. S. 408.

SCHILLER an Goethe. Weimar, 20. März 1802:

»Gern will ich das Mögliche tun, um die Iphigenia zur theatralischen Erscheinung zu bringen, es ist bei einem solchen Geschäft immer viel zu lernen, und an dem Erfolg zweifle ich nicht, wenn unsre Leute das Ihrige leisten. Es ist mir neulich sogar aus Dresden geschrieben worden, daß man die Iphigenia dort auf die Bühne bringen will, und gewiß werden noch andre Theater nachfolgen.«

Johann Wolfgang Goethe: Gedenkausgabe der Werke, Briefe und Gespräche. 28. August 1949. Hrsg. von Ernst Beutler. Bd. 20: Der Briefwechsel zwischen Goethe und Schiller. Zürich: Artemis-Verlag, 1950. S. 891 f.

SCHILLER an Goethe. Weimar, 5. Mai 1802:

»Iphigenie wäre auf keinen Fall auf den nächsten Sonnabend zu zwingen gewesen, weil die Hauptrolle sehr groß und schwer einzulernen ist. Es war schlechterdings nötig der Vohsin [einer Weimarer Schauspielerin: Friederike Margarete Vohs (1777–1860)] Zeit dazu zu geben. Ich hoffe übrigens das Beste für dieses Stück, es ist mir nichts vorgekommen, was die Wirkung stören könnte. Gefreut hat es mich, daß die eigentlich poetisch schönen Stellen und die lyrischen besonders auf unsere Schauspieler immer die höchste Wirkung machten. Die Erzählung von den Thyestischen Greueln und nachher der Monolog des Orests, wo er dieselben Figuren wieder in Elysium friedlich zusammen sieht, müssen als zwei sich aufeinander beziehende Stücke und als eine aufgelöste Dissonanz vorzüglich herausgehoben werden. Besonders ist alles daran zu wenden, daß der Monolog gut exekutiert werde, weil er auf der Grenze steht, und wenn er nicht die höchste Rührung erweckt, die Stimmung leicht verderben kann. Ich denke aber, er soll eine sublime Wirkung machen.«   Ebd. S. 895.

GOETHE an Schiller. Jena, 11. Mai 1802:

»Ob noch Sonnabend den 15. Iphigenie wird sein können, hoffe ich durch Ihre Güte morgen zu erfahren, und werde alsdann eintreffen, um, an Ihrer Seite, einige der wunder-

Johann Heinrich Wilhelm Tischbein (1751–1829):
Iphigenie und Orest
Ölgemälde (1788)

barsten Effekte zu erwarten, die ich in meinem Leben gehabt habe, die unmittelbare Gegenwart eines, für mich, mehr als vergangenen Zustandes.«   Ebd. S. 899.

SCHILLER an Goethe. Weimar, 12. Mai 1802:

»Die Vorstellung der Iphigenia auf den Sonnabend wird keine Schwierigkeit haben, obgleich uns der Titus [Mozarts *La Clemenza di Tito*] gestern und heut das Theater wegnahm. Morgen und übermorgen aber werden die Theaterproben mit Ernst vorgenommen werden, und ich hoffe, daß Sie über Ihr Werk nicht erschrecken sollen. Wohl glaube ich, daß die sinnliche Erscheinung dieses Stücks manche vergangene Zustände in Ihnen erwecken wird, sowohl in Formen und Farben Ihres eignen Gemüts, als auch der Welt, mit der Sie sich damals zusammen fühlten, und in letzterer Rücksicht wird es mehreren hiesigen Freunden und Freundinnen merkwürdig sein.«   Ebd. S. 900.

AUGUST WILHELM SCHLEGEL (1767–1845), Theoretiker der Frühromantik und Dichter, Freundschaft und reiche Korrespondenz mit Goethe, in den 1809–11 veröffentlichten *Vorlesungen über dramatische Kunst und Literatur*, Wien 1808:

»Überhaupt war es Goethen vor Allem darum zu tun, seinen Genius in seinen Werken auszusprechen, und neue poetische Lebensregung in die Zeit zu bringen; die Form galt ihm dabei gleich, wiewohl er meistens die dramatische vorzog. [...] Späterhin suchte er eine Ausgleichung zwischen seinen Kunstabsichten, und den üblichen dramatischen Formen, auch den untergeordneten, zu finden, die er fast sämtlich mit einzelnen Versuchen durchgegangen hat. In seiner Iphigenia drückte er den Geist der antiken Tragödie aus, wie er ihn besonders von Seiten der Ruhe, Klarheit und Idealität gefaßt hatte. [...]

Man muß wohl eingestehn, daß Goethe zwar unendlich viel dramatisches, aber nicht eben so viel theatralisches Talent besitzt. Ihm ist es weit mehr um die zarte Entfaltung als um rasche äußre Bewegung zu tun; selbst die milde Grazie seines harmonischen Geistes hielt ihn davon ab, die starke demagogische Wirkung zu suchen. Iphigenia auf Tauris ist zwar dem griechischen Geiste verwandter, als vielleicht irgend ein vor ihr gedichtetes Werk der Neueren, aber es ist nicht sowohl eine antike Tragödie, als Widerschein derselben, Nachgesang: die gewaltsamen Katastrophen jener stehen hier nur in der Ferne als Erinnerung, und Alles löst sich leise im Innern der Gemüter auf.«

> Ueber dramatische Kunst und Litteratur. Vorlesungen von A. W. von S. Heidelberg: Mohr und Winter, ²1817. Tl. 3. S. 398–403.

KARL WILHELM FERDINAND SOLGER (1780–1819), Kunsttheoretiker der Romantik, mit Goethe im Austausch über ästhetische Fragen, in einer 1819 erschienenen Besprechung von Schlegels *Vorlesungen*:

»Bei der Iphigenia sollte man nicht das Vorurtheil unterstützen, daß ihr Charakter so ganz griechisch sey, wenngleich der Verfasser sie nur einen Nachhall der griechischen Tragödie nennt. Ihr eigenthümliches und ohne Zweifel höchst preiswürdiges Verdienst findet Rec[ensent] in dem, was gerade recht modern ist, in den inneren Beziehungen der Gemüther zu einander, und der sich von selbst blos durch diese Charakterverhältnisse einstellenden Auflösung. Dieses Element gehört ursprünglich dem Roman, in dessen Geiste sich bisher unser Drama vorzugsweise gestaltete, und besonders nach des Rec[ensenten] Meinung die Göthische.«

> K. W. F. S.: Nachgelassene Schriften und Briefwechsel. Hrsg. von Ludwig Tieck und Friedrich von Raumer. Faks.-Druck nach der Ausg. von 1826 [...] hrsg. von Herbert Anton. Heidelberg: Lambert Schneider, 1973. Bd. 2. S. 615.

GOETHE im Gespräch mit Friedrich Wilhelm Riemer. Jena, 20. Juli 1811:

»Das Unzulängliche ist produktiv. Ich schrieb meine Iphigenia aus einem Studium der griechischen Sachen, das aber unzulänglich war. Wenn es erschöpfend gewesen wäre, so wäre das Stück ungeschrieben geblieben.« HA V. S. 409.

(ANNA LOUISE) GERMAINE DE STAËL-HOLSTEIN (1766–1817), französische Schriftstellerin, eine wichtige Figur in der französischen Rezeption der deutschen Literatur ihrer Zeit, in *De l'Allemagne*, abgeschlossen 1810, publiziert 1813:

»Man spielte in Deutschland bürgerliche Schauspiele, Melodramen und Spektakelstücke, in denen an Pferden und Rittern kein Mangel war. Goethe wollte die antike Strenge und Einfachheit wieder in die Literatur einführen und schrieb ›Iphigenie auf Tauris‹, das Meisterwerk der klassischen Poesie bei den Deutschen. Die Tragödie erregt jenen eigentümlichen Eindruck, den man bei der Betrachtung griechischer Statuen empfängt [...].

Der Stoff zur ›Iphigenie auf Tauris‹ ist so bekannt, daß es schwer war, ihn auf neue Weise zu behandeln. Dennoch ist dies Goethe gelungen, indem er seiner Heldin einen wahrhaft bewunderungswerten Charakter gab. [...] Goethes Iphigenie hat nicht weniger Achtung vor der Wahrheit als Antigone, aber sie vereinigt die Ruhe eines Philosophen mit der Glut einer Priesterin: der keusche Kult der Diana und das Asyl in einem Tempel reichen für das träumerische Dasein aus, das die Sehnsucht nach der fernen Heimat, nach Griechenland, sie leben läßt. [...]

Ohne Zweifel ist der Stoff in dieser Fassung durchaus rein und edel, und es wäre sehr zu wünschen, daß man die Zuschauer schon durch ein derartiges Thema – Bedenklichkeit aus Zartsinn – rühren und ergreifen könnte; vielleicht aber genügt das für die Bühne doch nicht, und daher interessiert das Stück mehr, wenn man es liest, als wenn man es aufführen sieht. Die Bewunderung, nicht das Pathetische, bildet die Triebkraft einer solchen Tragödie: wenn man »Iphigenie« anhört, glaubt man den Gesang eines epischen Dichters zu vernehmen, und die Ruhe, die in dem Ganzen herrscht, erstreckt sich beinahe sogar auf Orest. Die Erkennungsszene zwischen Iphigenie und Orest ist nicht die bewegteste, aber vielleicht die poetischste, die es gibt. Die Erinnerungen der Familie Agamemnons sind hier mit bewunderungswürdigem Geschick heraufbeschworen, so daß man die Bilder, mit denen Sage und Geschichte das Altertum bereichert haben, leibhaft vor sich zu sehen glaubt.«

G. de S.: Über Deutschland. [Auswahl.] Nach der Übers. von Robert Habs hrsg. und eingel. von Sigrid Metken. Stuttgart: Reclam, 1962 [u. ö.]. (Universal-Bibliothek. 1751.) S. 250–253.

CARL FRIEDRICH ZELTER (1758–1832), Musiker, Komponist und einer der wichtigsten Freunde und Korrespondenten des alten Goethe, an Goethe. Berlin, 11. – 14. Februar 1817:

»Wer nicht wüßte, wie er Dich lieben soll, mag die Iphigenie sehn; sie ist soeben gespielt worden. Alle Wahrheit und Güte der Natur hat sich über dies Stück ausgegossen. Es sind Menschen, an denen man die Menschheit, ja sich selbst verehrt, ohne sich geschmeichelt zu finden. Es ist ein religiöses Stück; es hat mich in Tränen gebadet und erbauet, wie viele andere. Das Haus war zum Erdrücken voll und der Beifall unsäglich.«   HA V. S. 417.

ZELTER an Goethe. Berlin, 15. Juli 1824:

»Was Du das Humane an Deiner Iphigenia nennst, wollte ich mir gern klar machen; da mußte ich denn erst das Stück wieder lesen, und so geriet ich tiefer hinein und zurück. Euripides, Sophokles, Aeschylos mußten herhalten. Beide Iphigenien, Orest, die Eumeniden, Elektra, Agamemnon. Diese sind Griechen; Deine Leute sind Menschen, dazu gehöre ich und will so zu bleiben suchen. ...

Da ich die Griechen wieder lese, kann ich Deine Iphigenie nur allein mit sich selber vergleichen. Sie ist ein Segen der Väter und enthält uralte ewige Wahrheit und den Wendepunkt fort und fort zum Rechten und Schönen zurückzukehren. Dem kolossalen, übermenschlichen Gliederbau jener Alten hast Du zartes Menschenfleisch, der rauhen, virtuosen Tugend die himmlische Liebe angetan. Die Nachwelt wird's nicht glauben wollen, daß diesen unsern Tagen das Herrlichste entwachsen können.« Ebd.

Georg Wilhelm Friedrich Hegel (1770–1831) in seinen *Vorlesungen über Ästhetik*, Berlin 1818 (u. ö.), Homer und Goethe vergleichend:

»Das macht überhaupt die Heiterkeit der Homerischen Götter und die Ironie in der Verehrung derselben aus, daß ihre Selbständigkeit und ihr Ernst sich ebensosehr wieder auflösen, insofern sie sich als die eigenen Mächte des menschlichen Gemüts dartun und dadurch den Menschen in ihnen bei sich selber sein lassen.

Doch wir brauchen uns nach einem vollständigen Beispiel der Umwandlung solcher bloß äußerlichen Göttermaschinerie in Subjektives, in Freiheit und sittliche Schönheit so weit nicht umzusehen. Goethe hat in seiner ›Iphigenie auf Tauris‹ das Bewunderungswürdigste und Schönste geleistet, was in dieser Rücksicht möglich ist. Bei Euripides raubt Orest mit Iphigenien das Bild der Diana. Dies ist nichts als ein Diebstahl. Thoas kommt herzu und gibt den Befehl, sie zu verfolgen und das Bildnis der Göttin ihnen abzunehmen, bis dann am Ende in ganz prosaischer Weise Athene

auftritt und dem Thoas innezuhalten befiehlt, da sie ohne-
hin Orest schon dem Poseidon empfohlen und ihr zulieb
dieser ihn weit ins Meer hinausgebracht habe. Thoas gehorcht sogleich, indem er auf die Ermahnung der Göttin
erwidert (Vers 1442 ff.): ›Herrin Athene, wer der Götter
Worten, sie hörend, nicht gehorcht, ist nicht rechten Sin-
nes. Denn wie wär es mit den mächtigen Göttern zu strei-
ten schön.‹

Wir sehen in diesem Verhältnis nichts als einen trocknen
äußerlichen Befehl von Athenes, ein ebenso inhaltloses bloßes Gehorchen von Thoas' Seite. Bei Goethe dagegen wird
Iphigenie zur Göttin und vertraut der Wahrheit in ihr
selbst, in des Menschen Brust. In diesem Sinne tritt sie zu
Thoas und sagt:

> Hat denn zur unerhörten Tat der Mann
> Allein das Recht? drückt denn Unmögliches
> Nur er an die gewalt'ge Heldenbrust?

Was bei Euripides der *Befehl* Athenes zuwege bringt, die
Umkehrung des Thoas, sucht Goethes Iphigenie durch tiefe Empfindungen und Vorstellungen, welche sie ihm entgegenhält, zu bewirken und bewirkt sie in der Tat.«

G. W. F. H.: Vorlesungen über Ästhetik. Hrsg. von
Friedrich Bassenge. Berlin/Weimar: Aufbau-Verlag,
[o. J.]. S. 225–227.

GOETHE im Gespräch mit Johann Peter Eckermann. Weimar, 27. März 1825:

»Ich hatte wirklich einmal den Wahn, als sei es möglich, ein
deutsches Theater zu bilden. Ja ich hatte den Wahn, als
könne ich selber dazu beitragen und als könne ich zu einem
solchen Bau einige Grundsteine legen. Ich schrieb meine
Iphigenie und meinen Tasso und dachte in kindischer Hoffnung, so würde es gehen. Allein es regte sich nicht und
rührte sich nicht und blieb alles wie zuvor. Hätte ich Wir-

kung gemacht und Beifall gefunden, so würde ich euch ein ganzes Dutzend Stücke wie die Iphigenie und den Tasso geschrieben haben. An Stoff war kein Mangel. Allein, wie gesagt, es fehlten die Schauspieler, um dergleichen mit Geist und Leben darzustellen, und es fehlte das Publikum, dergleichen mit Empfindung zu hören und aufzunehmen.«

HA V. S. 409.

Widmungsverse GOETHES in ein Exemplar der *Iphigenie* für den Schauspieler Wilhelm Krüger, der 1827 als Orest in Weimar gastierte. Weimar, 31. März 1827:

> »Was der Dichter diesem Bande
> Glaubend, hoffend anvertraut,
> Werd' im Kreise deutscher Lande
> Durch des Künstlers Wirken laut.
> Liebevoll verkünd' es weit:
> Alle menschliche Gebrechen
> Sühnet reine Menschlichkeit.«

Ebd.

GOETHE im Gespräch mit Eckermann. Weimar, 1. April 1827:

»Das Stück ... hat seine Schwierigkeiten. Es ist reich an i n n e r e m Leben, aber arm an äußerem. Daß aber das innere Leben hervorgekehrt werde, darin liegt's. Es ist voll der wirksamsten Mittel, die aus den mannigfaltigsten Greueln hervorwachsen, die dem Stücke zugrunde liegen. Das gedruckte Wort ist freilich nur ein matter Widerschein von dem Leben, das in mir bei der Erfindung rege war. Aber der Schauspieler muß uns zu dieser ersten Glut, die den Dichter seinem Sujet gegenüber beseelte, wieder zurückbringen. Wir wollen von der Meerluft frisch angewehte, kraftvolle Griechen und Helden sehen, die, von mannigfaltigen Übeln und Gefahren geängstigt und bedrängt, stark

herausreden, was ihnen das Herz im Busen gebietet; aber
wir wollen keine schwächlich empfindenden Schauspieler,
die ihre Rollen nur so obenhin auswendig gelernt haben,
am wenigsten aber solche, die ihre Rollen nicht einmal
können.
Ich muß gestehen, es hat mir noch nie gelingen wollen, eine
vollendete Aufführung meiner Iphigenie zu erleben. Das
war auch die Ursache, warum ich gestern nicht hineinging.
Denn ich leide entsetzlich, wenn ich mich mit diesen Ge-
spenstern herumschlagen muß, die nicht so zur Erscheinung kommen, wie sie sollten.«   Ebd. S. 410.

Ludwig Tieck (1773–1853) in *Göthe und seine Zeit*, 1828:

»Wollten wir die Schönheit des Gemüthes einem zeigen,
der sie noch nie geschaut hat, so dürften wir ihm nur die
Iphigenie nennen. Was dieses Gedicht so hoch stellt und
mit süßem Reiz durchdringt, ist eben, daß es nicht griechisch, sondern ganz deutsch und Goethisch ist. Der Anklang der Vorzeit, die Mythe und das Fremde ist eben nur
benutzt, um das Eigenthümliche zu geben. Eine Nation, die
ein solches Werk wahrhaft fühlt, ohne Heuchelei und ohne
der Mode zu folgen, braucht nicht geringe von sich zu denken.
Indem das Werk ganz auf dem Gemüthe ruht, Entschluß
und Entwickelung aus diesem hervorgeht und ein Unsicht-
bares darstellt, das gleichsam aller That und Handlung ent-
gegengesetzt ist, so ist es eben durch seine größte Schönheit
undramatisch, wenn auch manche Scenen von dramatischer
Wirkung sind.«

L. T.: Kritische Schriften. 4 Bde. Leipzig: Brock-
haus, 1848–52. Nachdr. Berlin / New York: de
Gruyter, 1974. Bd. 2. S. 213.

VI. Literaturwissenschaftliche Rezeption

In seinem Vortrag »Die ›verteufelt humane‹ Iphigenie« vollzog ARTHUR HENKEL als Erster eine deutliche Abgrenzung von der bildungsbürgerlich-verklärenden Deutung des Schauspiels als Figuration bloßer ›reiner Menschlichkeit‹. Im Anschluss an einen Brief Goethes an Schiller vom 19. Januar 1802 (vgl. »Dokumente zur Entstehung«, S. 68), in welchem Goethe sein Schauspiel in einer paradoxen Wendung als »ganz verteufelt human« bezeichnete, problematisierte Henkel die Humanität Iphigenies ebenso wie den Zwang zur Erledigung des Mythischen.

»[...] nicht nur während der ersten Niederschrift seines Dramas, sondern auch später noch hatte Goethe ein deutliches Bewußtsein davon, daß er mit dieser Dichtung etwas wagte.
[...] Das Wagnis dieser Dichtung aber verlautbart Goethe nirgends deutlicher als in jenem Brief, den er dem Freunde Ludwig Knebel kurz vor der schon erwähnten Liebhaberaufführung, im März 1779 schrieb. Er möge sich doch bereden lassen, heißt es da, mit ihm *auch noch dieses Abentheuer zu bestehen, einigen guten Menschen Freude zu machen und einige Hände Salz ins Publikum zu werfen.* Das klingt nach Herausforderung, nach gewolltem Ärgernis. Das Wort von den *guten Menschen* erweckt unsere Aufmerksamkeit.
[...] Goethe scheint auf einen Appell aus. Er wagt, wenn das nicht zu vermessen klingt, das positive Ärgernis. Wenn er einigen guten Menschen, deren Güte er vertraut, den guten Menschen von Tauris zeigt, so will er offenbar mit seinem Drama die in die Krisis geführte, aber diesmal glorreich bestätigte Möglichkeit vor Augen bringen: trotz allem gut zu sein in einer äußersten Lage, in einer ichsüchtigen, wahnverblendeten Welt. Das Bild vom Salz ist so greifbar

aus Matth. 5,13 geschöpft (*Ihr seid das Salz der Erde*), daß man meinen könnte, Goethe habe das Erwähltheitspathos der *Wenigen* gegen die *Welt*, das Salz der christlichen Verkündigung, welches der Fäulnis wehrt, hier, bloß mythologisch gefärbt, gemeint. Was aber ist die Kraft dieses Salzes – und weiter gefragt: wie können wir wissen, daß es nicht (wie es in der Bibel heißt) dumm geworden ist?

Nun hat Goethe freilich, indem er in Iphigenie die *Stimme der Wahrheit und Menschlichkeit* erheben und siegen läßt, und ebenso mit dem Motiv, daß der Muttermörder Orest entsühnt wird, nicht eigentlich etwas Neues erfunden. Das zeigt der Blick auf die lange Geschichte der dramatischen Behandlung des Iphigenienstoffes. Man darf sagen, daß schon Euripides mit seinen beiden Iphigeniendramen den Mythos humanisierte. In Aulis wird Iphigenie vom Opfertod gerettet. Und auch hier schon darf sie den unter dem Fluch stöhnenden Bruder entsühnen. In zahlreichen abendländischen Behandlungen des Stoffes findet sich schon die sentimentale Motivkomplizierung, daß der Taurerkönig Thoas die Priesterin liebt. Dieser Konflikt wird dann entweder schlicht so gelöst, daß Thoas umgebracht oder mit Elektra, der Schwester Iphigeniens, entschädigt wird oder sich endlich, wie bei Goethe, so großmütig zeigt wie der Bassa Selim bei Mozart. Wenn man so, motivgeschichtlich, Goethes Formung als dramatische Variante ansähe, die den Mythos weiterhin seelisch differenziert, ließe sich dann jenes *verteufelt human* nicht auch als Scherz in einem Werkstattgespräch mit einem dramaturgischen Meister verstehen? Kaum [...].

So war es wohl das Bild von der weltverändernden Kraft der Reinheit, welches ihn gerade in diesem Mythos anmutete. Vor allem schien ihm hier wohl auch seine religiöse Frage zu begegnen: die Frage nach dem Willen der Götter. Ist er zu erkennen, ist er gut, und wie darf das Geschöpf zum Schöpfer stehen?

[...]

So darf uns ruhig dieses Tauris vergleichsweise zivil vorkommen. Die hier verehrte Diana ist – religionsgeschicht-
lich gesehen – fortschrittlich. Die rituellen Menschenopfer
haben aufgehört. Und wenn der König Thoas, scheinbar
aus dem Motiv verschmähter Liebe heraus, befiehlt, diese
Opfer wieder einzuführen, und damit erst den Konflikt
schafft, daß die Priesterin der freundlichen Göttin gezwungen würde, in den beiden Fremden den erkannten Bruder
und Freund zu schlachten, – dann ist dies über das dramatische Konfliktsmotiv hinaus die Exposition eines möglichen
Dramas des Rückfalls. Des Rückfalls in die Tragödie. Thoas
rechtfertigt jene Opfer ideologisch, er beruft sich auf die
alte *Satzung* seines Volkes – man kann auch (modern) Ras-
se, Klasse, Staatsräson dafür setzen. Daß der drohende
Konflikt nicht in der tragischen Vernichtung Iphigeniens
endet, hängt mit ihrem neuen Verständnis der Götter zusammen.
Für die moderne Iphigenie ist der antike Gedanke des Göt-
terzwistes, dessen Schauplatz im Willen des Menschen liegt,
der – wie er sich auch entscheidet – schuldig wird (wie
Ödipus), unvollziehbar. Ihre Gebete preisen immer wieder
die Götter dafür, daß sie es gut mit den Menschen meinen.
Was aber ist der Wille der Götter? Diese Frage spannt
gleich die erste Auseinandersetzung des Thoas mit Iphigenie. Er liebt die Priesterin. Und der Dichter hat seinen
Schmerz, die Klage des Einsamen, Verwitweten und der
Söhne Beraubten mit bewegenden Tönen ausgestattet. Aber
dieses private »Motiv« motiviert ihn nicht ausschließlich.
Thoas versteht seine Werbung so, daß er damit den Willen
der Göttin erfülle; Iphigeniens wunderbare Entrückung
nach Tauris deutet er staatstheologisch im Sinne eines von
der Göttin gewollten Priesterkönigtums. Iphigenie dagegen
versteht ihre Entrückung als Exil, das sie aufspare für die
Rückkehr zum Vater, zugleich aber als Bergung: denn die
Priesterin steht auch unter dem S c h u t z der Göttin, sie
ist damit dem Fluch, der auf dem Atridenhaus lastet, entzo-

gen. So hat Goethe den dramatischen Konflikt vielschichtig motiviert.

[...]

In der ersten Auseinandersetzung zwischen Thoas und Iphigenie wird zum ersten Mal auch der Fluch zum Thema, der auf dem Atridenhaus lastet. Man kann sagen, der Atridenmythos ist die verhängnisvolle Geschichte dieses Fluchs. Wenn ihn Goethe als Motiv übernimmt, so hat er ihn wohl als Chiffre der Erbsünde verstehen wollen, damit aber zugleich als Bild für die alte, die Menschheit immer wieder verstörende Frage: wie kam das Unheil in die Schöpfung Gottes oder der Götter, wo doch die Schöpfung anfänglich nicht anders als wohlgeraten, gut, vollendet gedacht werden kann. Das ist auch die Frage nach Ursprung und Sinn des Leidens.

[...] D r e i m a l erscheint in Goethes Drama die Frage nach dem U r s p r u n g dieses Fluches. Und diejenigen, welchen Goethe die Augen vor dem radikalen Bösen verschlossen zu haben schien, scheinen den Text nicht genau genug gelesen zu haben. Denn in großer Breite entfaltet Iphigenie vor Thoas, nachdem sie schaudernd gestand: *Ich bin aus Tantalus' Geschlecht*, die grauenvolle Geschichte dieses Tantalidenhauses, in welcher Mord und Gewalttat, Blutschande, Selbstmorde einander ablösen.

[...] Nun hat Goethe aber im Bericht Iphigeniens den antiken Mythos korrigiert. Sie entschuldigt den Ahnherrn Tantalus. Der griechische Mythos warf ihm, der von den Göttern selbst an ihren Tisch gezogen wurde, Übermut gegen seine Wirte vor, so daß sie ihn stürzten und über sein ganzes Geschlecht den Fluch verhängten. Iphigenie deutet die Urgeschichte dieses Geschlechtes anders. Ja, sie erhebt Klage gegen die Götter [...]. Aber wenn Iphigenie den mythischen U r s p r u n g des Fluches umdeutet, so ist das ein erster Wink auf den Sinn der humanen Lösung, die manche Interpreten uns so ungern gönnen. Dieser Fluch wird immer wieder unter dem Bild des *ehernen Bandes* oder der

Eisenbanden der Seele bezeichnet. Wenn nun die Entsühnung Orests ihn dieses *ehernen Bandes* entledigt, dann bedeutet das die Befreiung von der Last der Vergangenheit oder auch: hier wird das eherne Zeitalter der Seele abgelöst durch das der Freiheit und Mündigkeit.

[...] Mit dem Ende des Orestdramas hebt aber das eigentliche Iphigeniendrama erst an. Das dramatische Interesse als solches ist darauf gerichtet, ob die Flucht der wiedervereinigten Geschwister gelingt. Nun aber wird erst der innere Konflikt Iphigeniens offenbar. Pylades hatte ihr angeraten, mit einer List ihre Flucht vor dem König zu verbergen. Sie schuldet freilich Thoas Dankbarkeit; Thoas verkörpert eine Art Vaterbild, auf das sie bezogen ist, er ist kein Tyrann, sondern wirkt in seinem theokratischen Denken als moralische Macht. Iphigenie wird bewußt, daß sie *auch hier Menschen* verläßt, und daß sie zur Lüge gezwungen sein soll: Lüge, die nicht befreit, sondern *ängstet / Den, der sie heimlich schmiedet.* Das entzweit sie mit sich selbst.

[...] In dieser äußersten Lage überfällt sie die Angst, daß auch sie im Widerstreit von Geboten, die sie zerreißen, dem tantalidischen Fluch zum Opfer falle. Die Angst, daß dieser Fluch ewig sein könne und der titanische Haß sie *mit Geierklauen fasse* – das treibt ihr den Notschrei auf die Lippen: *Rettet mich / Und rettet euer Bild in meiner Seele!*

[...] Iphigenie bittet die Götter, den Ermöglichungsgrund für den Glauben an sie zu stiften. So versteht sich die moderne Iphigenie nicht mehr schaudernd als den Kampfplatz numinoser Mächte, sondern als Partnerin der Götter.

[...] Zugleich aber wird, wie mir scheint, erneut die fraglose Geltung des Mythos verabschiedet. Die mythische Bezeichnung des Glaubensgrundes zwingt den Menschen, sich tragisch zu verstehen. Orests Vision und das Parzenlied zeigen die gleiche Struktur: Rückgang in den Ursprung. Sie erheben damit den radikalen Zweifel daran, ob die Götter, wie der Mythos sie darstellt, wirklich gut und gerecht sind. Iphigenie entmythologisiert die Basis ihres

Glaubens. Wenn man den dramatischen Fortgang des fünf-
ten Aufzugs genau verfolgt, so zeigt sich, daß Iphigenie aus
diesem Zweifel den Schluß der notvollen Selbstbehauptung
zieht. Was sie gegen Pylades strikt verweigert hatte, sich *ins
Priesterrecht weislich einzuhüllen*, das tut sie jetzt vor Thoas. Sie sagt bewußt die halbe Wahrheit, ja die Unwahrheit.
Sie bezieht die Position der Freien, der Fürstin. *Nicht
Priesterin! nur Agamemnons Tochter.* Sie beruft sich auf
Naturrecht gegen die Satzung, auf das Recht, daß der
Fremde heilig ist. Die auffällige Beteiligung der Priesterin
am Geschick der Fremden – das schärft Thoas' Verdacht.
Iphigenie wird in die Enge getrieben. *Wer sind sie, sprich* –
herrscht er sie an. Da endlich kommt es zur Erscheinung
der vollen Wahrheit. Goethe hat das szenisch so entwickelt,
daß sich die Sprache selbst der Lüge verweigert. Er läßt
Iphigeniens Antwort straucheln. *Sie sind – sie scheinen –
für Griechen halt ich sie.* Das heißt: die Lüge mißlingt ihr.
Sie ist ihr wesensunmöglich. So wagt sie die *unerhörte Tat.
Hat denn zur unerhörten Tat der Mann / Allein das Recht*?
Nun geht es um ihren Existenzgrund. Sie wagt aber nicht
nur sich, sie wagt in dialektischer Kühnheit den Sinn des
Kosmos selbst:

> *Allein euch leg' ich's auf die Kniee! Wenn
> Ihr wahrhaft seid, wie ihr gepriesen werdet,
> So zeigt's durch euren Beistand und verherrlicht
> Durch mich die Wahrheit!*

Der Gedanke, daß Mensch und Gott wechselseitig aufeinander angewiesen seien, hatte die Gebete Iphigeniens stets
erfüllt. Noch im verzweifelten Schrei um Rettung hatte ihn
die Angst um den Verlust des Glaubensgrundes verlautbart.
Die schlechthinnige Abhängigkeit berichtigt sich durch das,
was man die humane Selbstbehauptung heißen darf.
[...] Erst damit kann auch Iphigenie des Konflikts ledig
werden. Und der Anspruch, jene in ihr sich meldende *Stimme der Wahrheit und der Menschlichkeit*, solle immer und

überall tönen und gehört werden, soll provozieren. Sie ist
ein Wagnis, kein Besitz, nicht verfügbar. Sie erinnert jeden
Menschen an sich selbst. Indem Iphigenie sich, den Bruder
und den Freund dem König überantwortet, sagt sie: *Verdirb uns – wenn du darfst*. Dieser Appell aber erinnert den
Menschen an seine Mitmenschlichkeit. Er beruht auf dem
Glauben, daß der Mensch nicht schlechthin determiniert
ist. Nur darum ist die Tragödie nicht unvermeidlich. Der
Mensch ist unendliche Möglichkeit, auch zum Guten. Mißtrauen erregt Mißtrauen, Vertrauen appelliert. Der Appell
erinnert den Menschen an das, was er sein kann. So appelliert Iphigenie an den K ö n i g , damit er es wahrhaft i s t .
[...] die Wahrheit selbst ist dramatisch – sie wird in einem
Prozeß erkannt. Die Wahrheit also muß g e t a n werden,
damit sie i s t . So hängt auch für das Verständnis der
kühnsten Windung im Gedankenmuster dieses Dramas alles davon ab, Iphigenie selbst als das Bild der Göttin anzu-
nehmen. Die Götter bilden sich in reiner Menschenseele in
wahrer Gestalt ein, aber zugleich bildet sie der wahrhafte
Mensch vor. [...]
Goethes Dichtung setzt den Weltlauf, der dem Menschen,
welcher sich behaupten muß und will, geradezu das Recht
aufnötigt, sich zu verstellen und den Tyrannen zu belügen,
– ich sage: Goethes Dichtung setzt die *Verhältnisse, die
nicht so sind*, ins Unrecht. Er provoziert das Gemeine und
Allgemeine durch das Bild des gewagten Menschen, des
Menschen, wie er sein soll. Dieser Mut zur moralischen
Utopie verband ihn tief mit dem vielgescholtenen Idealismus Schillers. Auch ihn sah er als einen der so verteufelt
Hoffnungsvollen.
[...] Und wenn Goethe ihn in jenem Brief, [...] in dem wir
das Wort von der verteufelt humanen Iphigenie fanden, ein
wenig provozieren wollte, ihn, den zuständigen Beurteiler
des Humanen, so nahm Schiller diese Provokation genau
auf. Er wolle, so schreibt er am 20. Januar 1802, das Stück
sozusagen *vom Theater herunter, und mit dem Publikum*

zusammen lesen, und das meint doch wohl: von der Machart, allem Artistischen absehend – und allein auf die mögliche Wirkung bedacht. Und dann fährt er fort: *Das, was Sie das Humane darin nennen, wird diese Probe besonders gut aushalten, und davon rate ich nichts wegzunehmen.«*

A. H.: Die »verteufelt humane« Iphigenie. Ein Vortrag. In: Euphorion 59 (1965) S. 1–18. – Mit Genehmigung von Arthur Henkel, Heidelberg.

Durchaus in Fortsetzung dessen, was Arthur Henkel begonnen hatte, deutet THEODOR W. ADORNO Goethes Schauspiel auf dem Hintergrund seiner (und Max Horkheimers) *Dialektik der Aufklärung* (1944). Das zentrale Thema der *Iphigenie* sei die Durchsetzung aufgeklärter Humanität gegen archaisch-mythische Befangenheit. Dabei werde die Doppelbödigkeit aufklärerischer Bemühung, ihre *Dialektik,* deutlich. Aufklärung, indem sie mit Mitteln der Sprache und der Vernunft, mit argumentativer Logik, dem Barbaren Humanität abzwingt, erringe damit einen zweifelhaften Sieg über den Mythos. Die Gewalt der rationalen Logik, die ihr zum Sieg verhilft, lässt Aufklärung zurückfallen in ein mythisches Muster: das des gewaltsamen Sieges. Adorno überträgt diese grundlegende Skepsis gegen die aufgeklärte Durchsetzung von Humanität auch auf die Ebene der klassizistischen Formgebung des Dramas.

»Was an geschichtlicher Bewegung der Iphigenie sich mitteilte, datiert zurück auf den Protest des jungen Goethe und seiner Freunde gegen den schuldhaften Aspekt von Zivilisation, auf den unterm endenden Absolutismus grelles Licht fiel. Natur sollte sich befreien vom usurpatorisch Gesetzten, die unverstümmelte Regung nicht länger verschnitten sein; was damals Genie hieß, auch die willentliche, übrigens vom jungen Goethe sogleich gemäßigte Roheit, hatte das zum kritischen Angriffspunkt nicht weniger als die am französischen grand siècle gebildete und in Deutschland steif nachgeahmte Form. Das zivilisatorische Moment jedoch ist eines von Kunst selber als eines Gemachten, aus dem Naturzustand Heraustretenden. Die Parole, Kunst solle wieder Natur werden, die bis in den deutschen Idealismus hinein widerhallt, hat soviel Wahrheit wie Unwahrheit. Wahrheit, weil sie die Kunst daran mahnt, für das von Herrschaft jeglicher Art, auch der rationalen, Unterdrückte zu sprechen; Unwahrheit, weil solche Sprache anders denn als ihrerseits rationale, durch die Totalität von Kultur vermittelte nicht kann vorgestellt werden. Indem Kunst den Mythos seiner Buchstäblichkeit entäußert, in ihre Bilderwelt transponiert, ist sie in Aufklärung verflochten, Stufe von Zivilisation und deren Korrektiv in eins, wie Rousseaus Philosophie. Soweit in der damals neuen Kunst die Stimme des mündigen Bürgertums laut wurde, hatte sie an dem antimythologischen Moment ihre historische Aktualität, feind illegitimer Legitimität, rechtlosem Recht. Nicht länger als für eine polemische Sekunde jedoch war Kunst als reiner Widerpart zur Zivilisation denkbar; ihr pures Dasein desavouiert das Auftrumpfende, Barbarische, Provinzielle von Tiraden wie der Schillerschen vom tintenklecksenden Säkulum. Vollends in Deutschland, wo der antizivilisatorische Impuls der Kunst mit ökonomischer Zurückgebliebenheit hinter der bürgerlichen Zivilisation des Westens sich verfilzte, mußte der Geist an dieser sich abarbeiten, wenn er weder sich den Boden abgraben, noch leeren Triumphen nachjagen wollte. Der Weimarer Goethe, der an die große Gesellschaft und damit an den internationalen Stand des Bewußtseins Anschluß gesucht hatte, wirkte als Agens der Entprovinzialisierung des deutschen Geistes. Rühmte hundert Jahre später Nietzsche an ihm, er sei als letzter Deutscher ein europäisches Ereignis gewesen, so hat er jenen Sachverhalt gestreift. Während solche Entprovinzialisierung der Bewegung seiner Generationsgenossen die revolutionären Fangzähne ausbrach; während er einlenkte und radikale Neuerungen der Form sistierte, die am

Ende doch, über Goethe hinweg, nicht aufzuhalten waren, verhielt er andererseits, an der Zivilisation sich messend und unter Verzicht auf angedrehte Genietöne, sich moderner als die Hainbündler, Stürmer und Dränger und frühen Romantiker. Er sah, daß, wer überhaupt den Vertrag honoriert, den jedes Kunstwerk ihm unterbreitet, dessen immanenter Gesetzlichkeit, der Objektivation sich verpflichtet. Gebärdet er sich, als wäre er über diese hinaus, erweist er in der eigenen Produktion meist sich als ohnmächtig. Nicht mangelndem Talent so groß angelegter Autoren wie Lenz war zuzuschreiben, was den Sturm und Drang-Dichtungen an Kraft abging. Goethe mußte darin die Vergeblichkeit des Gestus von Unmittelbarkeit im Stand universaler Vermittlung erkennen. Sein Klassizismus archaisiert nicht. Das spezifisch Antikische der Iphigenie, das rückblickend der alternde Goethe überschätzen mochte, bringt eher ein Potential seines dichterischen Ingeniums zutage, als daß er, wie Schiller, in den Fundus gegriffen hätte. Fürchtete man nicht die Paradoxie, so ließe wohl sich verteidigen, das eigentlich Antike des klassizistischen Goethe, das mythische Element, sei kein anderes als das chaotische seiner Jugend. Vermöge seiner Objektivation wird es gleichsam in die Vorwelt zurückgesiedelt, nicht zur Fassade ewiger Gegenwart aufgeputzt. Eben weil Goethe nicht archaisiert, fällt seiner Dichtung ein Archaisches zu. Umsonst nicht verlegt er sein griechisches Drama, anstatt in attisch-klassische Verhältnisse, in ältere, exterritoriale. Die pragmatische Voraussetzung der Iphigenie ist Barbarei. Sie stimmt zum mythischen Schicksal als Zone des Unheils. Nach Iphigeniens Rede zu Beginn faßt ›ein fremder Fluch mich an‹ (84). Die Welt, in der sie Zuflucht fand und aus der sie entweichen möchte, ist in jedem Wort, mehr noch im Melos der Worte zwangvoll in sich verklammert. Will man von Goethes Klassizismus mehr verstehen, als daß er die Aristotelischen Einheiten restaurierte und der Jamben – welcher ungeheuren Jamben! – sich bediente, so wird man davon auszugehen haben, daß die Zivilisation, aus der Dichtung nicht ausbrechen kann und die sie doch durchbrechen will, in der Dichtung thematisch wird. Iphigenie und Tasso sind Zivilisationsdramen. Sie reflektieren die bestimmende Macht der Realität, vor welcher der Sturm und Drang sich die Augen verband. Insofern sind sie realistischer als dieser, im geschichtsphilosophischen Bewußtsein adäquater.

[...] Der Konflikt des zivilisierten, an Zivilisation erstarkten und durch sie geschwächten Subjekts mit der Zivilisation ist der des Tasso. Sein tragisches Ende – Goethe vermied weise das Wort und redete abermals von Schauspiel – entschleiert, daß das befreite Subjekt frei nicht zu leben vermag in der bürgerlichen Gesellschaft, die Freiheit ihm vorgaukelt. Einzig im Untergang wird sein Recht bekräftigt. Die Antinomie in der Iphigenie ist noch nicht ebenso manifest. Sie verlagert sich auf den Zusammenprall zweier Völker aus zwei Weltaltern. Zivilisation, die Phase des mündigen Subjekts, überflügelt die mythischer Unmündigkeit, um dadurch schuldig an dieser zu werden und in den mythischen Schuldzusammenhang hineinzugeraten. Zu sich selbst, und zur Versöhnung, gelangt sie nur, indem sie sich negiert, durchs Geständnis, das die kluge Griechin dem humanen Barbarenkönig ablegt. Es gibt den selbsterhaltenden Geist ihrer Zivilisationsgenossen preis. Auch um solcher Dialektik willen ist die Humanität der Iphigenie verteufelt; human wird sie erst in dem Augenblick, in dem Humanität nicht länger auf sich und ihrem höheren Recht beharrt.

[...]

Die antinomische Struktur erstreckt sich jedoch auch auf Humanität als Intention des Dramas. Der gesellschaftliche Koeffizient der Sprache, der einer gebildeten Oberschicht, ist Index des Partikularen, Ausschließenden jener Humanität. Dies Moment eignet all ihren Repräsentanten aus der Epoche des deutschen Klassizismus und Idealismus, Kant und Schiller nicht ausgenommen. Die Wendung des reifen

Goethe von der verteufelt humanen Iphigenie, die der Abhandlung Henkels den Namen gibt, aus einem Brief an Schiller von 1802, mag als Selbstbewußtsein davon gedeutet werden. In ihr protestiert Treue zu Goethes Jugend gegen den Preis seines Fortschritts. Wie die Humanität des Ausdrucks, schweigend der Roheit von Untersprache entgegen, etwas Bannendes hat, vom Schlage eben des Mythos, dem das Schauspiel abschwört, so basiert der Inhalt jener Humanität auf dem Privileg. Mit klassenbewußter Parteinahme ist das nicht zulänglich begriffen; ihre Annahme wäre anachronistisch. Goethe steht, im gesellschaftlich Ganzen, unter einer Fatalität, der das dichterische Wort nicht sich entwinden kann, will es nicht die Last der Sachgehalte bequem abschütteln, deren der Wahrheitsgehalt bedarf. Die Opfer des zivilisatorischen Prozesses, die, welche er herabdrückt und welche die Zeche der Zivilisation zu bezahlen haben, sind um deren Früchte geprellt worden, gefangen im vorzivilisatorischen Stande. Zivilisation, die historisch über Barbarei hinausführt, hat diese bis zum gegenwärtigen Tag vermöge der Repression, die ihr Prinzip, das naturbeherrschende, ausübt, auch befördert. Das nötigte die Sprecher von Humanität, solange die dialektische Zusammenhang noch nicht zu durchschauen war, dazu, ihr Zivilisatorisches mit Ungerechtigkeit zu kohibieren. Sie, der barbarische Rest im Widerstand gegen die Barbarei, ist das Surrogat für die Versöhnung mit Natur, welche der blanken Antimythologie mißlang. Das Unrecht widerfährt in der Iphigenie jenen, die dem griechischen Gebrauch wörtlich die Barbaren heißen. Das barbarische Wesen der Nichtgriechen wird durch den von Iphigenie vertagten, nicht abgeschafften Brauch, Fremde der Göttin zu opfern, kraß genug versinnlicht. Goethe, der das selbst in seinem Duodezstaat sichtbar werdende Klassenverhältnis durch humane Maßnahmen der Regierung zu meistern hoffte, verlagert dessen sprengend antagonistisches Wesen ins Exotische, analog zu Hegels Rechtsphilosophie: ›Durch diese ihre Dialektik wird die bürgerliche Gesellschaft über sich hinausgetrieben, zunächst diese bestimmte Gesellschaft, um außer ihr in anderen Völkern, die ihr an den Mitteln, woran sie Überfluß hat, oder überhaupt an Kunstfleiß u. s. f. nachstehen, Konsumenten und damit die nötigen Subsistenzmittel zu suchen.[1] Vag ist, zumal von Thoas, der Imperialismus des späteren neunzehnten Jahrhunderts antezipiert, der bis zum jüngsten Gegensatz hochindustrialisierter und nichtentwickelter Völker den Klassenkampf in einen von Nationen oder Blöcken versetzte und unsichtbar machte. Die unbefangene Reaktion auf die Iphigenie, mit Thoas werde häßlich umgesprungen, ist von keinem Gegenbeweis ganz zu beschwichtigen. Wohl läßt rationalistisch sich argumentieren, bliebe etwa Iphigenie aus Freiheit bei dem alternden König, der sie zur Ehe begehrt, weil er sich einen Erben wünscht, so würde ihre eigene Autonomie, ihr Kantisches Recht gegen sich selbst, und damit Humanität verletzt. Was indessen zu tragen peinlich bleibt, ist es nach den Normen der Bürgerlichkeit, welche die Humanität der Iphigenie in Zügen wie der Insistenz auf Freiheit und Gleichheit als verbindlich akzeptiert. Die Ungerechtigkeit der Iphigenie bestimmt sich durch immanente Kritik. Freiheit ist, woraus Iphigenie handelt und was sie will. Ihre Unvereinbarkeit mit dem nationellen Privileg wird im ersten Dialog der Heldin mit Thoas aus dem fünften Akt thematisch. Auf ihr ›Verdirb uns – wenn du darfst‹, antwortet der König: ›Du glaubst, es höre / Der rohe Skythe, der Barbar, die Stimme / Der Wahrheit und der Menschlichkeit, die Atreus, / Der Grieche, nicht vernahm?‹ Sie entgegnet ernsthaft auf seine Ironie: ›Es hört sie jeder, / Geboren unter jedem Himmel, dem / Des Lebens Quelle durch den Busen rein / Und ungehindert fließt.‹ (1936–1942) Wohl erheischt Humanität, daß dem Zug um Zug, Gleich um Gleich ein Ende bereitet werde; daß der

1 Hegel, *Grundlinien der Philosophie des Rechts*, hrsg. von J. Hoffmeister, Hamburg ⁴1955, S. 202 (§ 246).

verruchte Tausch von Äquivalenten aufhöre, in dem der
uralte Mythos in der rationalen Ökonomie sich wiederholt.
Der Prozeß hat jedoch seinen dialektischen Knoten daran,
daß, was über dem Tausch ist, nicht hinter diesen zurückfal-
le; daß nicht dessen Suspension abermals Menschen als die
Objekte von Ordnung um den vollen Ertrag ihrer Arbeit
bringe. Die Abschaffung des Äquivalententauschs wäre dessen Erfüllung; solange Gleichheit als Gesetz herrscht, wird
der Einzelne um Gleichheit betrogen. Das Stilisationsprin-
zip der Iphigenie verwehrt, dem gerühmten Goetheschen
Realismus zum Trotz, derlei handfesten Kategorien den
Eintritt ins Kunstwerk. Trotz aller Sublimierung indessen
fällt ihr Widerschein in ein Gefüge, das als eines reiner
Menschlichkeit sich weiß und verkennt in einem geschichtlichen Augenblick, in dem jene durch den zur Totalität sich
ausbreitenden Funktionszusammenhang der Gesellschaft
schon verdrängt wird. Das Gefühl einer Ungerechtigkeit,
die darum dem Schauspiel zum Schaden gereicht, weil es
objektiv, der Idee nach beansprucht, mit Humanität realisie-
re sich Gerechtigkeit, rührt daher, daß Thoas, der Barbar,
mehr gibt als die Griechen, die ihm, mit Einverständnis der
Dichtung, human überlegen sich dünken. Goethe, der das
zur Zeit der endgültigen Niederschrift muß innerviert haben, hat all seine Kunst daran gewendet, das Stück vor dem
Einwand zu behüten; der Verlauf der Iphigenie in ihren späteren Akten ist die Apologie von Humanität gegen ihr im-
manent Inhumanes. Um solcher Verteidigung willen wagt
Goethe ein Äußerstes. Iphigenie, gehorsam dem kategori-
schen Imperativ der damals noch ungeschriebenen Kritik
der praktischen Vernunft, desavouiert aus Freiheit, aus Autonomie ihr eigenes Interesse, das des Betrugs bedarf und
damit den mythischen Schuldzusammenhang wiederholt.
Wie die Helden der Zauberflöte achtet sie das Gebot von
Wahrheit und verrät wie sich selbst die Ihren, die einzig
dank der Humanität des Barbaren gerettet werden. Die große Schlußszene mit Thoas dann trachtet, durch einen Takt,

der dem gesellschaftlichen abgelernt ist, durchs Ritual von Gastfreundschaft, bis zur Unkenntlichkeit abzuschwächen, was geschieht: daß der Skythenkönig, der real weit edler sich verhält als seine edlen Gäste, allein, verlassen übrig ist. Der Einladung wird er schwerlich folgen. Er darf, eine Sprachfigur Goethes anzuwenden, an der höchsten Humanität nicht teilhaben, verurteilt, deren Objekt zu bleiben, während er als ihr Subjekt handelte. Das Unzulängliche der Beschwichtigung, die Versöhnung nur erschleicht, manifestiert sich ästhetisch. Die verzweifelte Anstrengung des Dichters ist überwertig, ihre Drähte werden sichtbar und verletzen die Regel der Natürlichkeit, die das Stück sich stellte. Man merkt die Absicht und man wird verstimmt. Das Meisterwerk knirscht in den Scharnieren: damit verklagt es den Begriff des Meisterwerks. Goethes Empfindlichkeit dagegen verstummte in der Iphigenie angesichts dessen, was Benjamin hellsichtig die Grenzen und Möglichkeiten der Humanität nannte. Sie strahlt im Augenblick der bürgerlichen Revolution weit über das partikulare Interesse der Klasse hinaus und wird im selben Augenblick vom partikularen Interesse verstümmelt; auf jenem Stand des Geistes war ihr versagt, ihre Schranken zu überschreiten. [...]
Worin die Humanität der Iphigenie dem Mythos sich entwindet, das sagen weniger ihre Parolen als Ansätze einer Deutung der Geschichte. Im Monolog des vierten Aktes sinnt die Heldin der Hoffnung nach, der Fluch möchte nicht ewig gelten: ›Soll / Nie dies Geschlecht mit einem neuen Segen / Sich wieder heben? – Nimmt doch alles ab! / Das beste Glück, des Lebens schönste Kraft / Ermattet endlich: warum nicht der Fluch?‹ (1694–1698) Man könnte die Worte als episodisch und peripher betrachten, hätte nicht Goethe zwanzig Jahre später das in der Jugend erfundene Märchen von der neuen Melusine geschrieben, die für die Zeit, in der sie ihrem drangvoll ungestümen, gleichsam barbarischen Geliebten sich entzieht, im Reich des Käst-

Kirsten Dene als Iphigenie in der Inszenierung
von Claus Peymann am Stuttgarter Schauspielhaus 1977
Foto: Hannes Kilian, Wäschenbeuren

chens verschwindet. Es ist eine Phantasmagorie des beseligt
Kleinen, in der es der Geliebte, freundlich aufgenommen,
nicht erträgt und die er gewalttätig zerstörend verläßt, damit die Erde ihn wieder hat. Das Kästchen der Melusine-
dichtung, eines der rätselvollsten aus Goethes Hand, ist die
Gegeninstanz zum Mythos, die diesen nicht schlägt, sondern durch Gewaltlosigkeit unterbietet. Danach wäre es die
Hoffnung, eines der orphischen Urworte und eine Losung
der Iphigenie, daß das Gewaltsame des Fortschritts ver-

blaßt, in welchem die Aufklärung Mimikry an den Mythos treibt: daß er kleiner wird oder, nach dem Wortlaut der Iphigenieverse, »ermattet«. Hoffnung ist das Entronnensein des Humanen aus dem Bann, die Sänftigung der Natur, nicht deren sture Beherrschung, die Schicksal perpetuiert. In der Iphigenie erscheint Hoffnung, wie an entscheidender Stelle der Wahlverwandtschaften, nicht als menschliches Gefühl sondern als Gestirn, das der Menschheit aufgeht: ›Nur stille, liebes Herz, / Und laß dem Stern der Hoffnung, der uns blinkt, / Mit frohem Mut uns klug entgegensteuern.‹ (923–925) Hoffnung gebietet dem Machen, Herstellen Einhalt, ohne das sie doch nicht ist. So wird sie in der Dichtung desultorisch nur angerufen. In der Kunst der Epoche hat sie ihre Stätte in der großen Musik, in Beethovens Leonorenarie und in Augenblicken mancher Adagiosätze wie dem des ersten Rasumoffsky-Quartetts, beredt über alle Worte hinaus. Jenseits des Mythos ist nicht der optische, gegenständliche Goethe, bis zum Ende des Faust Komplize der Herrschaft über Natur; wohl aber ein passivischer, nicht länger willig zu jener Tat, die da am Anfang soll gewesen sein, Erstes, nicht das Letzte. Dieser Goethe erst verkörpert den Einspruch gegen den Klassizismus, der, als sollte es nicht sein, schließlich doch die Partei des Mythos ergreift. Auf seiner obersten Erhebung erreicht das Goethesche Werk den Indifferenzpunkt von Aufklärung mit einer heterodoxen Theologie, in der Aufklärung sich auf sich selbst besinnt, und die errettet wird, indem sie in Aufklärung verschwindet. Das Gleichnis der Iphigenie vom Ermatten ist der Natur abgesehen. Es gilt einer Gebärde, die sich ergibt, anstatt auf sich zu pochen; aber auch ohne zu entsagen. Das Schauspiel wurde im selben Jahr abgeschlossen wie der Figaro, und Goethe hat den Text der Zauberflöte fortgesetzt. In der gegenstands- und begriffslosen Sprache Mozarts verbindet sichtbar vollendet aufgeklärte Luzidität sich mit einem vollendet säkularisierten Sakralen, das sich im Rauschen der gegenständlichen und begrifflichen Sprache Goethes versteckt.«

T. W. A.: Zum Klassizismus von Goethes Iphigenie. In: Neue Rundschau 78 (1967) S. 586–599. Zit. nach: T. W. A.: Gesammelte Schriften. Bd. 11: Noten zur Literatur. Hrsg. von Rolf Tiedemann. Frankfurt a. M.: Suhrkamp, 1974. S. 495–514. – © 1974 Suhrkamp Verlag, Frankfurt am Main.

CHRISTA BÜRGER deutet den unmittelbaren Entstehungszusammenhang des Stückes als Resultat einer von Goethe bewusst gelebten Trennung von Literatur und Lebenspraxis; die *Iphigenie* lade damit zu jener berüchtigten ›klassischen‹ bildungsbürgerlichen Rezeption ein, völlig abgehoben von realen gesellschaftlichen Konflikten und insofern Kunst der Verschleierung, Ideologie.

»Betrachtet man die *Iphigenie* nicht nur unter dem Aspekt der ästhetischen Vollendung, sondern im sozialgeschichtlichen Kontext ihrer Entstehung, so stößt man auf ein Phänomen, das heute, nach dem Angriff der historischen Avantgardebewegungen auf die bürgerliche Institution Kunst, den um Applikation kultureller Objektivationen der Vergangenheit bemühten Interpreten zu beunruhigen vermag: die Diskrepanz zwischen der Esoterik der ästhetischen Form der *Iphigenie* und der Fülle konkreter Erfahrungsmöglichkeiten, über die Goethe verfügte.
[...]
Wie kein anderes Stück ist *Iphigenie* das Resultat einer bewußt gelebten Trennung von künstlerischer Produktion und Lebenspraxis. Goethe arbeitet an dem Stück in den kurzen Abendstunden, die er während einer Dienstreise, wo er mit Rekrutenaushebung und der Urteilsfindung in Fällen von Rechtsverstößen der am Rande des Elends dahinvegetierenden vorwiegend ländlichen Bevölkerung in der Umgebung Weimars beschäftigt ist, sich freihalten

kann. Goethes Briefe an Frau von Stein aus der Zeit der
Niederschrift der *Iphigenie* geben Auskunft über den Um-
fang seiner Erfahrungsmöglichkeiten und über die Art, wie
er diese verarbeitet, als Politiker, als Reflektierender und als
Schriftsteller. Als Politiker empfiehlt er dem Herzog Milde
beim Drill der von ihm ausgehobenen Rekruten, an denen
ihn im übrigen weniger ihr menschliches Schicksal, als die
Mühe, die es ihn kostet, die geforderte Zahl zusammenzu-
bringen, interessant ist.
[...]
Der Schriftsteller erlebt die ihn umgebende Wirklichkeit als
Beschmutzung: ›[...] denn ich fliehe das Unreine‹[1]. ›Dann
las ich zur Abwaschung und Reinigung einiges griechische‹[2]. Hier ist eine Denkform bereits angelegt, die für
das Bildungsbürgertum des 19. Jahrhunderts kennzeich-
nend sein wird: die ›Reinheit‹ der Kunst bzw. des Kunster-
lebnisses wird als besondere Sphäre dem ›Schmutz‹ der
Wirklichkeit, des Alltagsdaseins gegenübergestellt.
Goethes Briefe an Frau von Stein beleuchten die Haltung
eines Schriftstellers, der nur deswegen zugleich Verwal-
tungsbeamter sein kann, weil die Kunst ihm die Möglichkeit gibt, die Realität durch den Schein des Schönen zu ne-
gieren. ›Mit meiner Menschenglauberey [Goethe spricht
von der Rekrutenaushebung] bin ich hier fertig und habe
mit alten Soldaten gegessen und von vorigen Zeiten reden
hören. Mein Stück rückt‹[3]. ›Knebeln können Sie sagen daß
das Stück sich formt, und Glieder kriegt. Morgen hab ich
die Auslesung [sc. der Rekruten], dann will ich mich in das
neue Schloß sperren und einige Tage an meinen Figuren
posseln‹[4]. Künstlerische Tätigkeit und zweckgebundene
Arbeit treten auseinander. Goethe faßt jene als Instrument
der Befreiung aus den Zwängen des Alltags: ›Meine Seele

1 An Frau von Stein, 9. Sept. 1780
2 An Frau von Stein, 8. Sept. 1780
3 An Frau von Stein, 1. März 1779
4 An Frau von Stein, 2. März 1779

löst sich nach und nach durch die lieblichen Töne aus den Banden der Protokolle und Ackten. Ein Quatro neben in der grünen Stube, sizz ich und rufe die fernen Gestalten [sc. der *Iphigenie*] leise herüber‹[1].

Die lebenspraktischen Erfahrungen, die den Hintergrund der *Iphigenie* bilden, werden von Goethe unter einem doppelten Aspekt reflektiert: Als bürgerlicher Schriftsteller, der für eine höfische Gesellschaft, im Dienst eines fürstlichen Mäzens produziert, will er ein Stück schreiben, dessen Bedeutung die Funktion, Teil höfisch-repräsentativer Daseinsentfaltung zu sein, transzendiert, er will ›etwas bringen, das nicht ganz mit Glanzleinwand Lumpen gekleidet sey‹[2]. Als Bürger, zu dessen Lebenspraxis, im Gegensatz zur höfischen, das Moment der Arbeit als wesentliches gehört, beginnt er eine Konzeption der Kunst auszubilden, in der der Bereich der Arbeit ausgespart bleibt. ›Hier will das Drama gar nicht fort, es ist verflucht, der König von Tauris soll reden als wenn kein Strumpfwürcker in Apolda hungerte‹[3]. Der berühmte Satz Goethes weist voraus auf das, was als Institution Kunst in der bürgerlichen Gesellschaft sich langsam herauszubilden beginnt: deren Autonomie bedeutet auch die Versöhnung mit der schlechten Realität. Damit kann Kunst nicht mehr, wie innerhalb einer bürgerlich-aufklärerischen Institutionalisierung, Gegenstand des Selbstverständnisses der miteinander über die Formen ihres gesellschaftlichen Zusammenlebens diskutierenden Bürger sein, sondern sie wird für den Rezipienten zum Mittel der Flucht aus der Realität.

Es ist zu fragen, zunächst, ob, und dann, in welcher Weise die von Goethe *reflektierte* Trennung von Kunst und Lebenspraxis (Arbeit) im *Gehalt* der *Iphigenie* sich niederschlägt.

[...]

1 An Frau von Stein, 22. Febr. 1779
2 An Frau von Stein, 14. Febr. 1779
3 An Frau von Stein, 6. März 1779

Von Goethes *Iphigenie* liegt eine ursprüngliche Fassung, in Prosa, vor. Es ist bekannt, daß Goethe, der diese Prosafassung unzureichend fand, auf die Versbearbeitung der *Iphigenie* große Mühe gewandt hat. Der endgültigen Fassung gehen drei weitere Bearbeitungen voraus, und jene bringt Goethe nur aufgrund der sachkundigen Beratung durch Herder und K. Ph. Moritz zum Abschluß. Wenn Goethe als Kriterium für die Umarbeitung sich auf den Begriff des ›Harmonischen‹ beruft[1], so ist damit gemeint, daß die Versform dem Stück jene Fremdheit verleiht, die der auf der Ebene des Gehalts eingehaltenen Distanz zur Realität entspricht[2]. Der Vers erscheint als diejenige ästhetische Bearbeitungsform, die den Stoff der Wirklichkeit entrückt.

[...]

Auf der Ebene des Gehalts kommt die Verdeckung der Arbeit darin zum Ausdruck, daß die Sprache selbst zum Gegenstand des Stücks wird. Um die Wirkung von Sprache auf die Wirklichkeit geht es darin.

[...]

Der Widerspruch, der darin besteht, daß gerade der Fortschritt von Humanität, vermöge des ihm innewohnenden Prinzips der Naturbeherrschung, auch die Repression befördern muß, reicht tief in das Stück hinein. Wenn Adorno dessen elitären Sprachduktus denunziert als ›Index des Partikularen, Ausschließenden jener Humanität‹, so trifft dieser Vorwurf das klassische Theater insgesamt. Und sicher liegt hier eine mögliche Erklärung für die Abwendung des zeitgenössischen Publikums von der literarischen Produktion der Weimarer Klassiker, setzt diese doch, anders als die Literatur der Aufklärung, das voraus, was das 19. Jahrhundert als höhere Bildung von der volkstümlichen abgrenzt.

[...] In Goethes *Iphigenie* – und dies weist auf den ideologi-

---

1 Vgl. Goethe an Herder, 13. Jan. 1787
2 Vgl. dazu Goethe an F. H. Jacobi, 17. Nov. 1782

schen Charakter des Stücks – konstituiert sich die Menschheit (als griechische) im Gegensatz zu den (skythischen)
Barbaren. Es ist Pylades, der das – mit Rücksicht auf den
Stand der gesellschaftlichen Entwicklung notwendige – re-
pressive Moment der Humanitätsidee ausspricht: ›So schaff
uns Luft, / Daß wir aufs eiligste, den heil'gen Schatz /
Dem rauh unwürd'gen Volk entwendend, fliehn‹ (IV, 4;
1601 ff.). Und Iphigenie widerspricht ihm nicht. Auch die
ironische Distanz in der Replik des Thoas vermag über das
historisch Adäquate seines ›barbarischen‹ Selbstbewußt-
seins nicht hinwegzutäuschen: ›Du glaubst, es höre / Der
rohe Skythe, der Barbar, die Stimme / Der Wahrheit und
der Menschlichkeit‹ (V, 3; 1937 ff.).
[...]
Problematisch muß auch [...] Goethes Behandlung des Tan-
talidenmythos bleiben. Wie nur wenige Intellektuelle seiner
Epoche kennt Goethe aus den Erfahrungen seiner Verwal-
tungstätigkeit das Elend der arbeitenden Bevölkerung, die
Kehrseite der entstehenden bürgerlichen Gesellschaft. Gegen solche Einsicht schreibt er ein Stück, dessen Handlung
so organisiert ist, als ob im Prozeß der Humanisierung einzig der Widerstand im Inneren der Subjekte überwunden
werden müßte. Die Tantaliden sind zu verstehen als die im
Verlauf der geschichtlichen Entwicklung im unvollkom-
men gebändigte (furchtbare) Seite der Natur, der Rest Re-
bellion, der übrig bleibt, wenn der Mensch sich als Ver-
nunftwesen von sich selbst als Naturwesen abspaltet. Insofern behält Adorno recht, wenn er Goethe ›realistischer‹
nennt als den Sturm und Drang: In der Tat geht Goethe in
der Idealisierung nicht so weit wie Schiller. Er stellt das
subjektiv ›Böse‹ in der Natur des Menschen dar; es regt
sich sogar in Iphigenie selbst (vgl. IV, 5). Insofern jedoch in
dem Stück die Dimension von Arbeit und Herrschaft fehlt,
ist hier auf der Ebene des Gehalts realisiert, was später in
der entwickelten Institution Literatur der bürgerlichen Gesellschaft als Formbestimmtheit erscheint: die Abgehoben-

heit des Kunstwerks von der Lebenspraxis, konkret: von den Bereichen Arbeit und Politik.

Im Gehalt der *Iphigenie* selbst deutet sich daher die neue Institution Kunst an – nicht nur in der Lebensform und in den Kunstanschauungen Goethes. Die Faszination, die gerade heute das Stück auf bestimmte Lesergruppen wieder auszuüben scheint, erklärt sich daher vielleicht aus der Tatsache, daß in einer Epoche, wo die bürgerliche Literatur als affirmative der Kritik unterliegt, die historische Bedeutung eines Stücks erkennbar wird, in dem zuerst jene für die Kunst in der bürgerlichen Gesellschaft charakteristische Trennung von Kunst und Leben radikal vollzogen ist.«

> C. B.: Iphigenie – die Entstehung der bürgerlichen
> Institution Kunst. In: C. B.: Der Ursprung der bür-
> gerlichen Institution Kunst im höfischen Weimar.
> Literatursoziologische Untersuchungen zum klassi-
> schen Goethe. Frankfurt a. M.: Suhrkamp, 1977.
> S. 177–192. – © 1977 Suhrkamp Verlag, Frankfurt
> am Main.

In kritischer Abgrenzung von Adornos Applikation seines Aufklärungsbegriffes auf die *Iphigenie* entwickelt TE-RENCE-JAMES REED in seinem Beitrag zum neuen *Goethe-Handbuch* in sehr genauer Textarbeit seine Perspektive sowohl auf die Durchsetzungsstrategien von Humanität als auch auf die radikale Psychologisierung des Mythischen, die Goethe vor allem in der Orest-Handlung vorführe.

»Taurische Aufklärung

Von der rätselhaften Ankunft dieser fremden Frau ist eine neue Epoche der Taurergeschichte ausgegangen, über die Arkas einen Überblick gibt. Nachdem Iphigenie als Bevorzugte Dianas die erste aller Fremden geworden war, die je an diesem Ufer ›voll Grausens‹ nicht gleich ›nach altem Brauch ein blut'ges Opfer fiel‹ (V. 102 ff.), hat sie die erhaltene Wohltat in eine allgemeine umgemünzt, indem sie

beim König den Brauch schlechthin ›von Jahr zu Jahr / Mit
sanfter Überredung aufgehalten‹ hat (V. 124 f.). Dies scheint
der Göttin wohlgefällig zu sein, denn dem Land geht es
seitdem gut, das taurische Heer ist siegreich. Nicht allein
darum ›fühlt [...] jeglicher ein besser Los‹ (V. 133). Iphigenies ›Milde‹ hat es auch bewirkt, daß der König seinem
Volk ›des schweigenden Gehorsams Pflicht erleichtert‹ hat
(V. 135 ff.), was gewiß kein Nachlassen dieser Pflicht bedeutet, wohl aber etwas Redefreiheit, die allerdings nicht
präzisiert wird und vielleicht noch nicht sehr weit reicht.
Denn ›der Skythe setzt ins Reden keinen Vorzug, / Am
wenigsten der König‹, der doch ›nur / Gewohnt ist zu befehlen und zu tun‹ (V. 164 f.). Stillschweigende Prämisse des
absoluten Herrschers bleibt bei allen Zugeständnissen an
die ›freie‹ Rede eine letztlich ungebrochene Befehlsgewalt,
ein Prinzip, das dem 18. Jh. allzuvertraut war und in Kants
Destillat der Praxis Friedrichs II. festgehalten wurde: ›rä-
sonniert, soviel ihr wollt und worüber ihr wollt, nur gehorcht!‹ (S. 171). Doch war damit – in Tauris wie in Preu-
ßen – immerhin ein Anfang gemacht.
Durch sein Lob von Iphigenies Leistung will Arkas ihr zunächst den Gram über ihr eigenes ›unnütz Leben‹ (V. 115)
ausreden: ›Das nennst du unnütz? [...] Wenn du dem Volke,
dem ein Gott dich brachte, / Des neuen Glückes ewge
Quelle wirst?‹ (V. 138 ff.). Nicht etwa ›warst‹, sondern
›wirst‹: der Prozeß, zu dem Iphigenie den Anstoß gab, ist
noch im Gang. Dem stimmt sie auch zu, nur mit negativem
Vorzeichen: ›Das wenige verschwindet leicht dem Blick, /
Der vorwärts sieht wie viel noch übrigbleibt‹ (V. 144 f.).
Daraus spricht immerhin Engagement, wenn auch mit ent-
mutigter Stimme.
Nicht bloß als persönlicher Trost ist aber Arkas' Rede ge-
meint. Zwar ist er Iphigenie ›treu und redlich [...] ergeben‹
(V. 151), scheint mitunter fast eher ihr Vertrauter als der des
Thoas zu sein. Das macht, daß sie dieselbe Sprache spre-
chen. Es wird ihr später entsprechend schwerfallen, gerade

diesen Menschen zu betrügen, der ihr ›mit Vernunft und Ernst‹ kommt (V. 1589). Arkas liegen jedoch nur sehr bedingt Iphigenies persönliche Interessen am Herzen. Die Logik der taurischen Lage stellt andere Forderungen. So redet er ihr gut zu, damit sie auf Thoas' bevorstehenden Antrag freundlich eingeht. Das soll auch den persönlichen Interessen des Königs nur vordergründig dienen. Arkas steht vielmehr zwischen oder sogar über beiden Parteien. Er sieht die Entwicklung im Lande durch einen Umschlag in der Stimmung des Königs gefährdet, den nur Iphigenie rückgängig machen kann. Er weiß bereits vom ›harten Schluß‹, den Thoas ›unaufhaltbar [...] vollenden wird‹ (V. 204 f.), falls sie nicht in seine Wünsche einwilligt. Der Opferbrauch soll wieder eingeführt werden, den die Priesterin ›mit sanfter Überredung‹ eben nur ›aufgehalten‹ hat (V. 125). Die Aufhebung des Brauchs war der Anfang, dessen Wiedereinsetzung würde der Anfang vom Ende der neuen Epoche sein. Könnte es Iphigenie nur übers Herz bringen, den König zu heiraten, so wäre der Einfluß ihrer ›Milde‹ fest etabliert, die prekäre Entwicklung gerettet. So vertritt Arkas niemandes persönliche Interessen, sondern die einer humanen Gesellschaft. Paradoxerweise müßte sich Iphigenie für diese gute Sache opfern.

Hier spielt auch das eigentlich Politische herein. Thoas kehrt soeben nach vollzogener Rache an den Feinden – ›ihr Reich zerstört, mein Sohn gerochen‹ – und insoweit ›befriedigt‹ vom Krieg heim (V. 236 f.). Aber der Tod dieses letzten Sohnes hat die Erbfolge unsicher und den König seinen Edlen gegenüber mißtrauisch gemacht. Arkas' Bericht zufolge fürchtet Thoas nicht nur ›ein einsam hülflos Alter‹, sondern auch – ein Zusatz übrigens der letzten Fassung – ›verwegnen Aufstand und frühzeitgen Tod‹ (V. 162 f.). So kommt zum menschlichen noch ein gewichtiger, dynastischer Grund zu heiraten hinzu, den Arkas Iphigenie nicht indiskret zu verdeutlichen braucht. In der Antragsszene verflechten sich dann dynastische und gesellschaftliche Fra-

gen. Durch Iphigenies Weigerung verbittert fordert der König ›die alten Opfer‹, die er der Göttin ›mit Unrecht und
mit innerm Vorwurf [...] vorenthalten‹ habe (V. 507 ff.). Erst
jetzt höre er das von ihm lange nicht vernommene ›Murren
[s]eines Volkes‹ (V. 517), das den Tod des Sohnes als vom
König verschuldete göttliche Heimsuchung deutet: ›Um
deinetwillen halt ich länger nicht / Die Menge die das Opfer dringend fordert‹ (V. 520 f.). Dieser Ruf der Menge ist
doch wohl weniger eine Ausübung von neuer Redefreiheit
als eine Regung alten Aberglaubens, auf den der Herrscher
insofern achten wird, als es ihm politisch paßt, oder als er
den Aberglauben teilt, was bei Thoas der Fall zu sein
scheint: ›Es ziemt sich nicht für uns den heiligen / Gebrauch mit leicht beweglicher Vernunft / Nach unserm
Sinn zu deuten und zu lenken‹ (V. 528 ff.). Eine fragile Ge-
dankenfreiheit wird durch Diktat zurückgenommen, das
Dogma gewinnt wieder die Oberhand.

Kann dies wirklich nur an der Bitterkeit eines Abgewiese-
nen liegen, oder hat Thoas der humane Gedanke innerlich
nie berührt, die neue Praxis nie überzeugt? Hat er beides
nur darum zugelassen, weil ihn Iphigenies ›Freundlichkeit‹
und die scheinbare Liebe einer Tochter oder einer Braut so
›mit Zauberbanden / Gefesselt‹ hat, daß er seine ›Pflicht
vergaß‹ (V. 514 ff.)? Indizien enthält der vorhergehende
Wortwechsel. Der Zornausbruch des Königs, seine grotesk
danebengehenden Schmähungen der nüchternen Iphigenie
als eines von Trieb, Lust, und ›rascher Glut‹ (V. 472) be-
herrschten ›Weibes‹ (V. 465), seine Unfähigkeit, über dem
einmal ›fest ergriffenen‹ Wunsch sie zu besitzen (V. 187)
fremde Wünsche anzuerkennen, seine Selbstgewißheit, die
Vernunft gepachtet zu haben (V. 464 f.) – alles bezeugt einen alles andere als liberalen Geist. Ähnlich noch auf der
Schwelle der Entscheidung, als Thoas im letzten Aufzug
Verrat wittert, bereut er seine ›Nachsicht‹ und ›Güte‹
(V. 1786), die Iphigenie dazu verleitet hätten, ›sich [...] ein
eigen Schicksal aus[zusinnen]‹ (V. 1799). Die Gewohnheit

der ›Sklaverei‹ (V. 1787) hätte dies Bedauerliche nicht erst aufkommen lassen. Für ihn ist es eher die Freiheit des Selbstdenkens und der Selbstbestimmung, die den Anfang vom Ende – der fraglosen absolutistischen Herrschaft – bedeutet.

Ist es aber nicht doch ein purer Anachronismus, hier überhaupt von Aufklärung zu sprechen? Zumindest gehörte doch ein starkes Fragezeichen hinter den Begriff einer ›taurischen Aufklärung‹. Dies nun gewiß. Nur trifft es für jedwede Aufklärung zu, die sich unter absoluter Herrschaft zu entwickeln strebte. Mühsam gewonnenes Terrain war immer gefährdet, die Zustimmung der Mächtigen immer nur provisorisch und möglicherweise bloß Sache eines wie auch immer motivierten Lippenbekenntnisses, das je nach den Umständen von heute auf morgen durch einen Akt der Willkür zurückgenommen werden konnte. Mit anderen Worten: trotz der allzu vertrauten Formulierung vom ›aufgeklärten Absolutismus‹ waren Aufklärung und absolute Macht grundsätzlich unvereinbar, sie ließen sich bestenfalls durch diplomatisches Taktieren der Aufklärer eine Zeitlang verbinden. Dieses Dilemma enthalten schon in nuce die Worte, mit denen Iphigenie bei Thoas' erstem Auftritt sich das kaum Mögliche wünscht, ›dem Mächtigen / Was ihm gefällt mit Wahrheit‹ zu sagen (V. 218 f.). Als aber die von ihr vertretene Wahrheit, daß die Göttin diese Heirat nicht billige, ihm eben nicht gefällt, steht sich Unvereinbares feindlich gegenüber: hie die ›zarte Stimme‹ (V. 496), die ›vor allen andern [...] der Fürst‹ merken solle (V. 498), dort die Macht, sie kurzweg zu ignorieren und die todgeweihten Fremden mit dem schroffen Befehl zur Priesterin zu schicken, ›du weißt den Dienst‹ (V. 537).

So kann Iphigenie nur noch durch Hinhaltetaktik die Ihrigen so lange zu retten hoffen, bis der Fluchtplan gereift ist. Freilich scheint später der politisch-dynastische Druck plötzlich verschwunden zu sein, als der nach wie vor schlichten wollende Arkas ihr den Wink gibt, alles liege in

ihrer Hand, ›des Königs aufgebrachter Sinn allein‹ drohe
den Fremden Tod an, ›das Heer entwöhnte längst vom harten Opfer / Und von dem blut'gen Dienste sein Gemüt‹
(V. 1466 ff.). Noch immer geht es Arkas um das ›besser Los‹
des Volkes und um Iphigenies Sendung, deren Schwierigkeit er in der sich zuspitzenden Krise denn doch unter-
schätzt: sie könne doch leicht enden, was sie begonnen
habe, nirgends wirke die Milde schneller, ›als wo trüb und
wild / Ein neues Volk voll Leben, Mut und Kraft / Sich
selbst und banger Ahndung überlassen / Des Menschenle-
bens schwere Bürde trägt‹ (V. 1479–1482). War das Murren
dieses Volkes also nur ein Vorwand des Königs? Oder zählt
vom ganzen Volk schließlich nur, was in einem solchen
Staat nicht überraschen müßte, das Militär, das durch eigene Erfahrung ›an fremdem Ufer‹ (V. 1471) aufgeklärt wurde? Hängt das Schicksal der Bedrohten überhaupt nicht
von politischer, sondern nur von höchstpersönlicher Willkür ab? Freilich: für die Betroffenen ist der Unterschied so
bedeutsam nicht. Dem Machtlosen ist auch die persönliche
Willkür des Mächtigen Politik genug.
[...]

Götterbilder

In G.s *Iphigenie* greift, anders als bei den griechischen Dra-
matikern, kein Gott ein. Trotzdem, oder vielmehr gerade
deswegen, ist das Stück gleichsam mit Gläubigkeit gesättigt.
In weit stärkerem Ausmaß als gemeinhin im Drama – Les-
sings *Nathan* wäre freilich ein Parallelfall – ist die Handlung durch verschiedene Ausprägungen des Glaubens bestimmt, die der Hauptfigur schwer zu schaffen machen.
Neben ihrem eigenen, komplexen, umfaßt das Spektrum
den unnachgiebigen Dogmatismus des Thoas; die treuher-
zig-pragmatische Zuversicht des Pylades; den bis zu seiner
Heilung düsteren Fatalismus Orests; den rationalen Verstand des Arkas; und als letzte Herausforderung den auf
furchtbarer Erfahrung fußenden Pessimismus des Parzen-

lieds, das Iphigenie in der sich zuspitzenden Krise als Symptom ihrer inneren Krise wieder einfällt.

Die Wechselwirkung zwischen diesen stark kontrastierenden Gesichtspunkten läuft neben der Handlung her und bricht öfters in eine offene Debatte aus, in der strittige Themen aus der Theologie des 18. Jhs. hörbar werden: Erbsünde, Teleologie und göttlicher Plan, strafender oder liebender Gott, Orthodoxie gegen Neologismus usw. Konkret wird nach einzelnen göttlichen Fügungen gefragt. Welches Schicksal hat die Göttin ihrer Priesterin bestimmt? Würde es durch eine Heirat mit dem König durchkreuzt werden? Hat Apoll Orest wirklich heilen wollen oder die Griechen nur nach Tauris in den Tod geschickt? (V. 7f., V. 39f., V. 437ff. u. V. 565ff.). Und grundsätzlicher daran anknüpfend: Befindet man sich in einer wesentlich tragischen Welt oder in einer Heilungs- oder gar Heilsgeschichte? Gerade weil die Götter innerhalb des Handlungsrahmens nicht in Erscheinung treten, sind die Personen auf eine mehr oder weniger primitive Semiotik angewiesen, die von äußeren Zeichen und Orakeln bis hin zu Iphigenies Selbstzweifeln und Intuitionen reicht, was alles den göttlichen Ratschluß vermitteln soll. Daß sein Land floriert, liest Thoas als einen ›Segen‹, der ›von oben kommt‹ (V. 283), ein Zeichen dafür, daß Iphigenie kein ›schuldvoll Haupt‹ (V. 285) und also für ihn heiratsfähig ist. Nach ihrer Weigerung schlägt seine Interpretation diametral um: Der Tod des Sohnes sei eine Heimsuchung des Landes, das der Göttin ihre ›alten Opfer‹ (V. 508) vorenthalten habe (V. 506–521). Ein Zeichen widerspricht dem anderen, das Deuten ist ebenso willkürlich, wie die Macht, der es dient.

Nicht, als wäre strengere Konsequenz der Deutung unbedingt ein Beweis für ›höheres‹ Gottesverständnis. Immer flicht Pylades – so Orest – ›mit seltner Kunst der Götter Rat / Und [s]eine Wünsche klug in eins zusammen‹ (V. 740f.). Selbst als todgeweihter Gefangener glaubt Pylades dem Orakel unbeirrt aufs Wort, das dem Freund ›im

Heiligtum der Schwester‹ (V. 611) Hilfe zusicherte, denn
›der Götter Worte‹ seien (!) doch ›nicht doppelsinnig‹
(V. 613). Am Schluß der Prosafassungen übrigens wird Pylades – ›mein [weiser] Freund‹ – von Orest für die allzu
wortwörtliche Auslegung des Orakels verantwortlich gemacht. Weitere Reflexionen des Pylades stehen auf der Kip-
pe zur unfreiwilligen Tragikomik, z. B. als er ausgerechnet
einem Atriden den Spruch offeriert, ›die Götter rächen /
Der Väter Missetat nicht an dem Sohn‹ (V. 713 f.), oder als
er den Muttermörder auffordert, den Göttern dafür zu
danken, daß sie ›so früh durch dich so viel getan‹ (V. 700).
Pylades ist der rationalistische Optimist des 18. Jhs, wie er
im Buche steht, der bei jeder Katastrophe zu sagen vermag:
›wer weiß, wozu es gut ist?‹. Selbst die Vorstellung der
›ehrnen Hand / Der Not‹ (V. 1680 f.) hat in seinem Munde
wenig metaphysische Resonanz, der Aktivist beruft sich
auf einen antiken Gemeinplatz, um seinem Vorhaben einen
Anstrich des Notwendigen zu verleihen. Freilich hat sein
treuherziger Glaube den Wert, daß er den apathischen
Orest in Bewegung erhalten und nach Tauris gebracht hat.
Dieser nimmt aber aus seiner Leidenserfahrung heraus die
heiter-oberflächliche Denkweise des Freundes kaum ernst.
Von daher ist es verständlich, daß Orest nach seiner Heilung, die dem Orakel und dessen Befürworter in irgend-
einem Sinn doch recht zu geben scheint, bis spät im fünften
Aufzug kein Wort mehr von sich hören läßt – um dann
freilich ein entscheidendes zu sprechen.

Wie aber ist Orests Heilung zu verstehen? Ins Innere des
Prozesses dringt kein Literarhistoriker. Er muß sich auch
davor hüten, sich als Psychiater aufspielen zu wollen. Als
Ausgangspunkt mag immerhin das Zeugnis Sigmund
Freuds dienen, der G.s Behandlung des Falls medizinisch
wie literarisch von der eigenen Praxis her anerkennt. G.
zeige ›ein ergreifendes Beispiel einer Entsühnung, einer Befreiung der leidenden Seele von dem Druck der Schuld, und
er läßt diese Katharsis sich vollziehen durch einen leiden-

schaftlichen Ausbruch unter dem wohltätigen Einfluß einer liebevollen Teilnahme‹ (Freud). Auch in den wirklichen Fällen der Plessing, Kraft und – eine triviale aber aufschlußreiche Episode – Caroline Herder (vgl. an Charlotte von Stein, 5. 9. 1786) habe G. sich als tief seelenkundig erwiesen.

Nur vermengt Freud die G.schen Motive, denn es handelt sich bei Orest um Heilung, nicht um Entsühnung. Jene ist ein medizinischer, diese ein religiös-moralischer Begriff. Von der Schuld selbst kann man nicht geheilt werden, wohl aber von deren psychischen oder physischen Folgen – also eben nur von dem *Druck* der Schuld. Den diagnostiziert G. bei Orest als die ›ewige Betrachtung des Geschehnen‹ (V. 1064), die ihn fast ›versteinert‹ hat (V. 1163). So bittet Iphigenie die Götter, ›den Wahn ihm von dem starren Auge‹ zu nehmen (V. 1215) und damit mag das sonst nicht unbedingt naheliegende Verb zusammenhängen, mit dem Orest seine Heilung ankündigt: ›Es *löset* [Hv. v. Vf.] sich der Fluch‹ (V. 1358). Dem entspricht wiederum die Freisetzung des sinnlichen Erlebens, die in den Fragen und Mahnungen des Pylades – ›Erkennst du‹, ›Fühlst du‹, ›Faß Uns kräftig an‹, ›Merk'‹, ›Vernimm‹ (V. 1332–1337) – vorweggenommen wird, um dann in Orests Evozierung einer nach wildem Sturm erneuerten Außenwelt (V. 1343 ff.) in lyrischer Formulierung Wirklichkeit zu werden.

Diese Folge sieht Freud als Katharsis, also gleichsam als einen selbständigen dramatischen Vorgang innerhalb des Dramas. In der Tat besteht die ›Behandlung‹ darin, Orests unverwandte Betrachtung seiner Tat ein letztes Mal dermaßen zu intensivieren, daß es zum Durchbruch, den Leidenden allerdings in den Zusammenbruch treibt. Anstatt ihn, wie Pylades gewarnt hat, mit dem zerrüttenden Erinnern zu schonen (V. 849 ff.), provoziert Iphigenie geradezu eine Rekonstruktion des Mordakts (V. 1074 f.). Darauf bringt sie dem inzwischen als Bruder Erkannten ›vergoßnen Mutterblutes Stimme‹ (V. 1164) so inständig wieder zu

den Ohren, sie stört so gründlich mit Hoffnung und Gebet
seinen Entschluß zum Tod, daß er sie eine andere ›Rache-
göttin‹ schilt (V. 1169). Auch den Trost des scheinbar doch
sicheren Todes verdirbt sie ihm, indem sie sich dem Bruder
zu erkennen gibt, was für ihn nur ein letztes Familiengreuel
bedeuten kann: er sieht den Tod durch Schwesterhand sich
abzeichnen. Als er in Ermattung sinkt, ist der Vorgang
schon zu Ende, den er im späteren Dankgebet jenem von
den Göttern gesendeten Sturm vergleicht, nach dem sich
die Freude an der Welt wieder erneuern könne. Der sich
anschließende Trancezustand, bei dem die schon versöhnten Vorfahren geschaut werden, ist bereits der Neuan-
fang.
Daß Iphigenie für Orests Heilung gebetet hat, hindert
nicht, diese als eine rein psychische Folge zu verstehen. Darum ist sie noch lange nicht eine autonome Tat des Orest.
Wäre eine Selbstheilung Orests möglich, so hätte er die
Reise nach Tauris nicht erst antreten müssen. Die schwe-
sterliche ›liebevolle Teilnahme‹ ist nicht wegzudenken, wohl
auch nicht die Ausstrahlungskraft der Priesterin, die sich
erst ganz am Ende der Szene als die Schwester entpuppt.
›Von dir berührt / War ich geheilt‹, wird er rückblickend
sagen (V. 2119f.). Für sein Bild der Götter von diesem
Punkt an gibt es kaum Indizien. Sein Dankgebet ist ein
konkret-sinnlicher Ausdruck neuen glücklichen Lebensge-
fühls: Dieses braucht nicht weiter beredet, und über den alten bitteren Verfolgungsglauben brauchen keine Worte
mehr verloren zu werden. Doch wird gerade Orest im letzten Aufzug der Durchbruch zu einer Neudeutung des Orakels und einer neuen Sicht der Götter gelingen. Es bedarf
nur des ethischen Vorbilds der Schwester, da sekundiert er
ihr sofort. Aufklärung steckt an, aber dafür mußte ein Potential im Bruder vorhanden sein. Dieses wurde in der früheren Phase auch angedeutet. Selbst der noch ungeheilte,
erbitterte Orest vertritt die Wahrhaftigkeit: Er sieht Pylades
ironisch als Nachfolger des Erzbetrügers Ulyß, er dagegen

schätze ›den der tapfer ist und grad‹ (V. 768). Der fremden
Priesterin gegenüber durchschneidet er das Lügengewebe
des Pylades: ›Zwischen uns / Sei Wahrheit! / Ich bin
Orest!‹ (V. 1080 ff.). Auch er verläßt sich auf sein Gefühl:
von seiner Heilung überzeugt ihn neben der neu erlebten
Sinnenwelt der intuitive Glaube: ›Mir sagt's das Herz‹
(V. 1358). In diesen Eigenschaften, die der Wirklichkeit einen entsprechenden Charakter ablesen oder aufprägen, läßt
sich unschwer eine Familienähnlichkeit mit der Schwester
erkennen. So steht diese am Schluß nicht als idealistische
Eigenbrötlerin auf fortgeschrittenem Posten da. Gemeinsam können die Geschwister eine neue Welt aufbauen.
Doch erwächst die Initiative, die den ersten Anstoß dazu
gibt, aus einer Brust, in der zwei Seelen wohnen. Iphigenie
weiß einerseits vom alten Haß der Götter auf die Tantaliden und von dessen Folgen. Andererseits wurde ihr eigenes
tragisches Einzelschicksal zu Aulis durch eine Göttin abge-
wendet. Genügt das, um ein hoffnungsvolles Wirklichkeits-
bild zu begründen? Orest und Pylades werfen mit ihren
Berichten neue Greuel in die eine Waagschale, in die andere
freilich das Gewicht ihres Kommens: Iphigenies zweite
Rettung müßte doch bevorstehen; denn hier am Ende der
Welt wird ein Bruder so bald nicht wieder anlegen. Das
muß ihr um so überzeugender vorkommen, als die lang er-
sehnte Erfüllung des hohen Willens der Diana jetzt in einem Plan des Brudergottes aufzugehen scheint, der in erster Linie dem irdischen Bruder gilt, die irdische Schwester
nur als Nebeneffekt retten wird. Am Himmel wie auf Erden herrscht der Mann – ist doch Schwester Mondgöttin
symbolisch auf das Licht des brüderlichen Sonnengotts angewiesen (V. 1324). Den Tatbestand dieses übergreifenden
Plans im Unterschied zu dessen Moral wird Iphigenie bis
ganz zuletzt nicht anzweifeln. Noch in ihrem Geständnis
Thoas gegenüber heißt es: ›Apoll schickt sie von Delphi
diesem Ufer / Mit göttlichen Befehlen zu, das Bild / Dianens wegzurauben‹ (V. 1928 ff.). Erst Orest wird die göttli-

che Geschlechtshierarchie im Einklang mit der Verlagerung des dramatischen Schwerpunktes von ihm selbst auf die Schwester umstülpen: ›Schön und herrlich zeigt sich mir / der *Göttin* Rat [Hv. v. Vf.]‹ (V. 2126 f.). Den umgreifenden, weiter zurückliegenden, langsamer gereiften Plan hätte demnach die Göttin geschmiedet.

Um aber diese vorderhand nicht einmal als solche erkannte Absicht zu verwirklichen, muß sich Iphigenie zunächst gegen die doppelte Autorität der göttlichen Geschwister auflehnen. Sie steht also, indem sie sich menschlich-ethisch behauptet, eine Zeitlang ganz ohne Heilsplan und im eigentlichen Sinn gottverlassen da. Hier erst recht darf man vom ›Ausgang des Menschen aus der Unmündigkeit‹ sprechen. Denn indem sie sich gegen den Fluchtplan stemmt, verweigert Iphigenie scheinbar auch den Göttern Gehorsam, aber im Namen ethischer Grundsätze, die, was ein rechter Gott wäre, doch anerkennen sollte. So will sie den göttlichen Ratschluß nicht umstoßen, sondern zu sich emporheben; er soll hinter dem Erkenntnisstand nicht zurückbleiben, den ihr erstes Erlebnis des Göttlichen schuf. Es handelt sich um einen ›Aufstand gegen die Götter im Namen der Götter‹. Diese sind offenbar eher Verkörperungen menschlicher Werte als Mächte. Darin spiegelt sich ein im 18. Jh. häufig anzutreffendes Verhältnis zwischen Religion und Vernunft, bei dem man vor der letzten Erkenntnis zurückscheut, Gott werde im Bild des Menschen erschaffen, weil der Gläubige noch glauben will oder zu glauben glaubt. Freilich hat Iphigenie von ihrer ersten mythischen Rettung durch Diana her ein einzigartig intimes Verhältnis zum Göttlichen. Aber auch dafür findet sich ein goethezeitliches Äquivalent. Im Pietismus, an den die Inbrunst von Iphigenies Gebet erinnert, berief man sich auf ein ähnliches unmittelbar persönliches Erlebnis des Göttlichen. So dürfte für die Figur der Iphigenie Susanne von Klettenberg ebenso wichtig gewesen sein wie Charlotte von Stein.

Daß Glaube auch Selbstbehauptung und Wunschdeutung

des Wirklichen ist, macht der von Iphigenie abgewiesene Thoas schon früh geltend: ›Es spricht kein Gott, es spricht dein eigen Herz‹, ein Prinzip, das Iphigenie sowohl zugibt als auch verteidigt – ›Sie reden nur durch unser Herz zu uns‹ (V. 494) –, dann aber in seiner primitiven Form, den Spieß umdrehend, attackiert: wer die Himmlischen blutgierig wähne, dichte ihnen ›nur / Die eignen grausamen Begierden an‹ (V. 524 f.). Das wußte übrigens schon Euripides' Priesterin (*Iphigenie in Tauris*, V. 389 f.). Wenn aber im primitiven wie im aufgeklärten Glauben derselbe psychische Mechanismus am Werk ist, kann zwischen ihnen nur die Wirkung des jeweiligen Glaubensinhalts im dramatischen Zusammenstoß entscheiden. An ihren Früchten soll man sie erkennen.

In diesem frühen Auftritt beginnt erst das souveräne Subjekt in Bedrängnis zu kommen. Hier kann es noch auf die innere Botschaft lauschen, nach dem eigenen Bilde Götter schaffen und sein Tun danach bestimmen. Bei sich zuspitzender Gefahr hingegen lassen sich Götter nicht so leicht imaginieren, die wesentlich anders sind als die Kräfte der rauhen Wirklichkeit und vor diesen retten werden. Entweder muß dann unter Verzicht auf solch ›höhere‹ Götter entsprechend rauh gehandelt werden (Fluchtplan), oder der Glaubensakt muß zur heroischen Herausforderung werden. Herausgefordert werden vordergründig die postulierten Götter, die hilfreich eingreifen sollen, aber recht eigentlich die Außenwelt und der Gläubige selbst, der den Mut aufbringen muß, so zu handeln, daß sein Glaube den Ausgang bestimmt, also Wirklichkeit wird. Falls ihm dies gelingt, wird es stärkend auf den Glauben zurückwirken: ein *circulus virtuosus* kommt in Gang, wie ihn G. im Gedicht *Das Göttliche* aus der *Iphigenie*-Zeit (1783) systematisch luzid darlegt.

Der rauhen Wirklichkeit aber, die solchen Glauben ganz zu lähmen droht, sieht Iphigenie im Parzenlied nüchtern ins Gesicht. Was einst die Amme den Atridenkindern vor-

sang, nennt Iphigenie das ›Lied der Parzen das sie grausend
sangen, / Als Tantalus vom goldnen Stuhle fiel‹ (V. 1720 f.).
Es muß jedoch eher ein unter Menschen entstandenes Lied
sein, denn die Schlußstrophe faßt ja zusammen ›so sangen die Parzen‹ (V. 1761) – was in der Prosafassung allerdings als abrundende Worte Iphigenies verstanden werden
konnte. Aber auch die vorletzte Strophe weicht von Iphigenies Bezeichnung des Lieds ab, indem sie nicht nur den
Fall des Tantalus, sondern implizit die ganze spätere Atri-
dengeschichte kommentiert, und zwar vom Standpunkt
eines erschütterten Zuschauers, der der Weisheit letzten,
düsteren Schluß daraus zieht. So stellt dieses durch eine
anonyme Stimme aus dem Volk auf Iphigenie gekommene
Lied einen eindrucksvollen Nachhall des griechischen
Chors dar.
Die harte Lehre des Lieds trifft zudem bei Iphigenie auf einen Glauben, der bereits durch die scheinbare Forderung
ihrer Göttin nach dem ›doppelten Laster‹ von Raub und
Betrug erschüttert ist. Sie hat soeben weniger aus dem
Glauben heraus als um dessen Erhaltung gebetet – ›Rettet
mich / Und rettet euer Bild in meiner Seele‹ (V. 1716 f.),
was fast schon einen Akt der Verzweiflung, auf jeden Fall
eine paradoxe Mischung von Glaube und Unglaube darstellt. Es fällt Iphigenie merkwürdigerweise nicht ein, die
Welt könnte im Sinn der ethisch lässigen griechischen Viel-
götterei uneinheitlich regiert sein, freundliche und tückische Götter also nebeneinander existieren. Sie besteht vielmehr auf einem radikalen Entweder-Oder, dem trotz der
Formel ›Götter‹ etwas vom strengeren Geist des Mono-
theismus anhaftet. Vor allem hierin ist das Stück erstaunlich
modern und ungriechisch. Iphigenies Verzweiflung müßte
vollständiger sein, wenn sie sich über die Logik ihres Gebets im klaren wäre. Denn die Bitte um Rettung ihres Bil-
des werden doch nur solche Götter erhören, denen am
Fortbestand eines derartigen Bilds gelegen ist. Gleichgülti-
ge oder tückische Götter wird das Gebet kaum anfechten.

Diese Einsicht fehlt im Abstrakten, dafür wird sie im Parzenlied verkörpert, auf das Iphigenie intuitiv verfällt. So ist die Reihenfolge Gebet-Parzenlied ebenso psychologisch richtig wie dramatisch wirksam: Statt in Erwartungspathos klingt der Aufzug in Spannung und Zaghaftigkeit aus. Falls dieses düstere Götterbild das wahre ist, so sieht sich Iphigenie der himmlischen wie der irdischen Willkür ausgeliefert, die sie gleich darauf in einer Metapher verbinden wird (V. 1812 u. V. 1820). Die Kraft ihres fast verzweifelten Gebets wirkt aber auf sie selbst zurück und macht ihr im selbsterstellten Zirkel Mut zum Entschluß, freilich ohne daß es ihr klar wäre, wie autonom ihr Handeln dadurch wird. Subjektiv verläßt sie den geschlossenen Kreis des Glaubens nicht; ein bewußtes ›Als-ob‹-Prinzip, wie es der nicht mehr christlichen Aufklärung ethisch zu handeln erlaubte, als habe sich mit dem Verlust des Glaubens keine Stütze der Ethik verloren, bleibt ihr fremd. Sie ist schließlich durch einen Glauben motiviert, der zwar von Zweifeln angefochten wird, aber stark genug bleibt, diese schließlich zu übertönen. So ist Iphigenies im dritten Auftritt des fünften Aufzugs mit Thoas geführter Dialog fast eher ein durch Selbstbefragung und Selbstermunterung gekennzeichneter Monolog. Die enge Nachbarschaft von Glaube und menschlicher Autonomie wird in der Fragenfolge ›Ruf’ ich die Göttin um ein Wunder an? / Ist keine Kraft in meiner Seele Tiefen?‹ (V. 1884 f.) festgehalten. Und beim letzten Gebet der im entscheidenden Augenblick noch Hilfsbedürftigen – ›Wenn / Ihr wahrhaft seid, wie ihr gepriesen werdet; / So zeigt’s durch euren Beistand und verherrlicht / Durch mich die Wahrheit‹ (V. 1916 ff.) – werfen die beiden gegenüber dem Prosatext hinzugefügten Worte ›durch mich‹ ein grelles Licht auf die autonom agierende Person. Sie vervollständigen übrigens auch die Parallele zum späten Gebet Christi, ›verherrliche deinen Sohn, auf daß dich der Sohn verherrliche‹ (Joh. 17,1). So scheint Arkas recht behalten zu sollen, der von den Göttern gemeint hat, ›sie pflegen Menschen menschlich zu erretten‹ (V. 1463). Es geschieht hier aber nur unter der Bedingung, daß die menschliche Mittlerin an ›sie‹ noch glaubt.«

T. J. R.: Iphigenie auf Tauris. In: Goethe-Handbuch. Bd. 2: Dramen. Hrsg. von Theo Buck. Stuttgart/ Weimar: Metzler, 1996. S. 195–228. – © 1996 J. B. Metzlersche Verlagsbuchhandlung und Carl Ernst Poeschel Verlag GmbH, Stuttgart.

VII. Literaturhinweise

1. Ausgabe

Iphigenie auf Tauris. Ein Schauspiel. Von Goethe. Ächte Ausgabe.
  Leipzig: Göschen, 1787. – Faks.-Neudr. Berlin 1923.
Goethe's Iphigenie auf Tauris in ihrer ersten Gestalt. Hrsg. von
  Adolf Stahr. Oldenburg: Schulze, 1839. [Ungenauer Abdruck der
  sog. Oldenburger Handschrift, welche die Prosafassung von 1781
  wiedergibt.]
Die drei ältesten Bearbeitungen von Goethe's Iphigenie. Hrsg. und
  mit zwei Abhandlungen zur Geschichte und vergleichenden Kri-
  tik des Stückes begleitet von Heinrich Düntzer. Stuttgart/Tübin-
  gen: Cotta, 1854.
Goethes Iphigenie auf Tauris. In vierfacher Gestalt hrsg. von Jakob
  Baechtold. Freiburg i. Br. / Tübingen: Mohr, 1883.
Goethe, Johann Wolfgang: Iphigenie auf Tauris. Prosa-Fassung.
  Hrsg. von Eberhard Haufe. Frankfurt a. M.: Insel Verlag, 1982.

Goethe's Schriften. Bd. 3: Iphigenie auf Tauris. [...] Leipzig: Göschen, 1787.
Goethe's Werke. Vollständige Ausgabe letzter Hand. Bd. 9: Iphige-
  nie auf Tauris. [...] Stuttgart/Tübingen: Cotta, 1827.
Goethes Werke. Hrsg. im Auftrage der Großherzogin Sophie von
  Sachsen. Abt. 1. Bd. 10: Iphigenie auf Tauris. [...] Bearb. von
  Berthold Litzmann. Weimar: Böhlau, 1889. [Als historisch-kriti-
  sche Gesamtausgabe angelegte sog. Weimarer oder Sophien-Aus-
  gabe.]
Goethes Sämtliche Werke. Jubiläums-Ausgabe. Hrsg. von Eduard
  von der Hellen. Bd. 12: Iphigenie auf Tauris. [...] Mit Einl. und
  Anm. von Albert Köster. Stuttgart/Berlin: Cotta, [1912].
Goethes Werke. Hamburger Ausgabe in 14 Bänden. Hrsg. von
  Erich Trunz. Hamburg: Wegner, 1948–64 / München: Beck,
  1972 ff. – Bd. 5: Dramatische Dichtungen III. Textkritisch durch-
  ges. von Lieselotte Blumenthal und Eberhard Haufe. Komm. von
  Stuart Atkins [u. a.]. 9., neubearb. Aufl. 1981.
Goethe. Berliner Ausgabe. [Abt. 1:] Poetische Werke. Hrsg. von
  Siegfried Seidel. Bd. 7: Dramatische Dichtungen 3. Bearb. von
  Angelika Jahn. Berlin/Weimar: Aufbau-Verlag, 1963.

Goethe, Johann Wolfgang von: Iphigenie auf Tauris. Ein Schauspiel. Textrev., Nachw. und Komm. von Winfried Woesler. Paderborn/ Wien/Zürich: Schöningh, 1980.

Goethe, Johann Wolfgang: Sämtliche Werke nach Epochen seines Schaffens. Münchner Ausgabe. Hrsg. von Karl Richter in Zsarb. mit Herbert G. Göpfert [u. a.]. 20 Bde. (in 25 Tln.). München/ Wien: Hanser, 1985 ff. – Bd. 2,1: Erstes Weimarer Jahrzehnt. 1775–1786. Tl. 1. Hrsg. von Hartmut Reinhardt. Textred.: Andreas Hamburger. 1987.

Goethe, Johann Wolfgang: Sämtliche Werke. Briefe, Tagebücher und Gespräche. Hrsg. von Hendrik Birus [u. a.]. 40 Bde. Frankfurt a. M.: Deutscher Klassiker Verlag, 1985 ff. – Abt. 1. Bd. 5: Dramen. 1776–1790. Unter Mitarb. von Peter Huber hrsg. von Dieter Borchmeyer. 1988.

Iphigenie. Euripides. Racine. Gluck. Goethe. Hauptmann. Vollständige Dramentexte. Hrsg. von Joachim Schondorff. Mit Vorw. von Edgar Lohner. München/Wien: Langen-Müller, 1966.

2. Forschungsliteratur

Adorno, Theodor W.: Zur Klassizität von Goethes »Iphigenie«. [1967.] In: T. W. A.: Noten zur Literatur. Frankfurt a. M. 1981. S. 495–514.

Apelt, Hermann: Zwischen Euripides und Goethe. In: Goethe-Jahrbuch 77 (1960) S. 54–63.

Atkins, Stuart P.: On the opening lines of Goethes »Iphigenie«. In: The Germanic Review 24 (1949) S. 116–123.

Barry, Davis: »Ist uns nichts übrig?«: The Residue of Resistance in Goethe's Iphigenie auf Tauris. In: German Life and Letters 49 (1996) H. 3. S. 283–296.

Blocher, Friedrich K.: Goethe und Iphigenie. In: F. K. B.: Identitätserfahrung: Literarische Beiträge von Goethe bis zu Walser. Köln 1984. S. 9–29.

Blondeau, Denise: Travail de la mémoire et construction de l'histoire dans Iphigenie auf Tauris. In: Cahiers D'Etudes Germaniques 29 (1995) S. 147–152.

Blumenthal, Lieselotte: Iphigenie von der Antike bis zur Moderne. In: Helmut Holtzhauer (Hrsg.): Natur und Idee. Festschrift für Bruno Andreas Wachsmuth. Weimar 1966. S. 9–40.

Boeddinghaus, Walter: Orests Tod und Wiedergeburt. In: Acta Germanica 3 (1968) S. 71–97.

Borchmeyer, Dieter: Johann Wolfgang Goethe: »Iphigenie auf Tauris«. In: Harro Müller-Michaels (Hrsg.): Deutsche Dramen. Interpretationen zu Werken von der Aufklärung bis zur Gegenwart. Bd. 1. Königstein (Ts.) 1981. S. 52–86.

Boyd, James: Goethe's »Iphigenie auf Tauris«. An Interpretation and Critical Analysis. Oxford 1942. – Nachdr. 1949.

Bradish, Joseph A. von: Das Werden der »Iphigenie« auf Goethes Dienstreisen im März 1779. Aus einem Vortrag. In: Jahrbuch des Wiener Goethe-Vereins 65 (1961) S. 100–110.

Brendel, Otto J.: Iphigenie auf Tauris – Euripides und Goethe. (Übers. von Maria Brendel.) In: Antike und Abendland 27 (1981) S. 52–97.

Brown, Kathryn / Stephens, Anthony: »… hinübergehen und unser Haus entsühnen«. Die Ökonomie des Mythischen in Goethes »Iphigenie«. In: Jahrbuch der Deutschen Schillergesellschaft 32 (1988) S. 94–115.

Buck, Theo: Goethes »Iphigenie« oder der Anfang des Bewußtseinstheaters. In: Helmut Siepmann [u. a.] (Hrsg.): Vom »Rolandslied« zum »Namen der Rose«: Meisterwerke der Literatur. Bonn 1987. S. 85–105.

Bürger, Christa: Der Ursprung der bürgerlichen Institution Kunst im bürgerlichen Weimar. Literatursoziologische Untersuchungen zum klassischen Goethe. Frankfurt a. M. 1977.

Burckhardt, Sigurd: »Die Stimme der Wahrheit und der Menschlichkeit«: Goethes »Iphigenie«. In: Monatshefte 48 (1956) S. 49–71.

Burger, Heinz Otto: Zur Interpretation von Goethes »Iphigenie«. In: Germanisch-Romanische Monatsschrift 40 (1959) S. 266–277.

Dahnke, Hans-Dietrich: Im Schnittpunkt von Menschheitserfahrung und Realitätserfahrung. »Iphigenie auf Tauris«. In: Heinz Ludwig Arnold (Hrsg.): Goethe. text und kritik. Sonderheft. München 1982. S. 110–129.

Dencker, Peter: Zur Entstehungsgeschichte von Goethes »Iphigenie auf Tauris«. In: Jahrbuch des Wiener Goethe-Vereins 71 (1967) S. 69–82.

Dyer, Denys: Iphigenie – The role of the curse. In: Publications of the English Goethe-Society 50 (1980) S. 29–54.

Emrich, Wilhelm: Goethes Tragödie des Genius. Von »Götz« bis zur »Natürlichen Tochter«. In: Jahrbuch der Deutschen Schillergesellschaft 26 (1982) S. 144–162.

Eppelsheimer, Rudolf: Tragik und Metamorphose. Die tragische Grundstruktur in Goethes Dichtung. München 1958.

Farelly, Dan: Iphigenie as »Schöne Seele«. In: New German Studies 4 (1976) S. 55–76.

Fischer-Lichte, Erika: Goethes »Iphigenie« – Reflexion auf die Grundwidersprüche der bürgerlichen Gesellschaft. Zur Kontroverse Ivo/Lorenz. In: Diskussion Deutsch 6 (1975) S. 1–25.

– Probleme der Rezeption klassischer Werke – am Beispiel von Goethes »Iphigenie«. In: Karl-Otto Conrady (Hrsg.): Deutsche Literatur zur Zeit der Klassik. Stuttgart 1977. S. 114–140.

Fowler, Frank M.: The problem of Goethe's Orest: new light on »Iphigenie of Tauris«. In: Publications of the English Goethe-Society 51 (1981) S. 1–26.

– »Doch verzeih mir Diane …«. Thoas and the disputed ending of Goethe's »Iphigenie«. In: New German Studies 10 (1982) S. 135–150.

Friederici, Hans: Die Konflikte in Goethes »Iphigenie« als Abbildungen gesellschaftlicher Widersprüche. In: Weimarer Beiträge 6 (1960) S. 1055–65.

Funck, Heinrich: Lavater als Autor der so genannten mittleren Fassung von Goethes »Iphigenie«. In: Goethe-Jahrbuch 29 (1908) S. 108–122.

Gallas, Helga: Antikenrezeption bei Goethe und Kleist: Penthesilea – eine Anti-Iphigenie? In: Linda Dietrick / David G. John (Hrsg.): Momentum dramaticum. Festschrift for Eckehard Catholy. Waterloo 1990. S. 209–220.

Geyer, Horst: Der schöne Wahnsinn: Goethes Orest. In: H. G.: Dichter des Wahnsinns. Eine Untersuchung über die dichterische Darstellbarkeit seelischer Ausnahmezustände. Göttingen 1955. S. 55–64.

Grappin, Pierre: Die Idee der Entwicklung im Spiegel des Goetheschen Schauspiels Iphigenie auf Tauris. In: Goethe-Jahrbuch 99 (1982) S. 32–40.

Gregor, Joseph: Zur Ikonographie der Iphigenie auf Tauris. In: Hofmannsthal-Blätter 26 (1982) S. 61–62.

Greiner, Bernhard: Weibliche Identität und ihre Medien: Zwei Entwürfe Goethes (Iphigenie auf Tauris, Bekenntnisse einer Schönen Seele). In: Jahrbuch der Deutschen Schillergesellschaft 35 (1991) S. 33–56.

Günther, Vincent J.: Johann Wolfgang von Goethe. In: Benno von Wiese (Hrsg.): Dichter des 18. Jahrhunderts. Berlin 1977. S. 702–710.

Hackert, Fritz: Iphigenie auf Tauris. In: Walter Hinderer (Hrsg.): Goethes Dramen. Neue Interpretationen. Stuttgart 1980. S. 144–168.

Hahn, Karl-Heinz / Beck, Eva: Zu einer Handschrift der »Iphigenie« in Prosa. In: Goethe-Jahrbuch 89 (1972) S. 262–271.

Hamburger, Käte: Iphigenie. In: K. H.: Von Sophokles zu Sartre. Griechische Dramenfiguren, antik und modern. Stuttgart 1962. S. 95–120.

Hartmann, Horst: Zum Problem des Utopismus bei der Gestaltung der Perspektive im klassischen deutschen Drama. In: Wissenschaftliche Zeitschrift der Pädagogischen Hochschule ›Karl Liebknecht‹ Potsdam 10 (1966) S. 263–270.

Heinemann, Karl: Die Heilung des Orest. In: Goethe-Jahrbuch 20 (1899) S. 212–220.

Heitner, Robert R.: The Iphigenia in Tauris. Theme in Drama of the Eighteenth Century. In: Comparative Literature 16 (1964) S. 289–309.

Henkel, Arthur: Iphigenie auf Tauris. In: Benno von Wiese (Hrsg.): Das deutsche Drama vom Barock bis zur Gegenwart. Interpretationen. Düsseldorf 1958. Bd. 1. S. 170–194.

– Die »verteufelt humane« Iphigenie. Ein Vortrag. In: Euphorion 59 (1965) S. 1–18.

Hobson, Irmgard W.: Goethe's »Iphigenie«: a Lacanian reading. In: Goethe Yearbook 2 (1984) S. 51–67.

Hodler, Werner: Zur Erklärung von Goethes »Iphigenie«. In: Germanisch-Romanische Monatsschrift 10 (1960) S. 158–164.

Horsley, Ritta Jo: »Dies Frauenschicksal«. A critical appraisal of Goethe's »Iphigenie«. In: Susan L. Cocalis / Kay Goodman (Hrsg.): Beyond the eternal feminine. Critical essays on woman and German literature. Stuttgart 1982. S. 47–74.

Hritzu, John N.: Stichomythia in Goethe's »Iphigenie auf Tauris«. In: The German Quarterly 19 (1946) S. 256–260.

Ivo, Hubert: Die politische Dimension des Deutschunterrichts. Zum Beispiel: Goethes »Iphigenie«. In: Diskussion Deutsch. Sonderbd.: Zur politischen Dimension des Deutschunterrichts. Frankfurt a. M. 1972. S. 5–36.

Jauß, Hans Robert: Racines und Goethes Iphigenie. Mit einem Nachwort über die Partialität der rezeptionsästhetischen Methode. In: Neue Hefte für Philosophie 1973. H. 4. S. 1–46.

Jenkins, Sylvia P.: The image of the goddess in »Iphigenie auf Tauris«. In: Publications of the English Goethe Society 21 (1952) S. 56–80.

Kimpel, Dieter: Ethos und Nomos als poetologische Kategorien bei Platon-Aristoteles und das Problem der substantiellen Sittlichkeit in Goethes »Iphigenie auf Tauris«. In: Germanisch-Romanische Monatsschrift 64 [NF 33] (1983) 367–393.

Klingmann, Ulrich: Arbeit am Mythos: Goethes Iphigenie auf Tauris. In: German Quarterly 68 (1995) S. 19–31.

Koch, Friedrich: Die religiöse Grundstruktur von Goethes »Iphigenie auf Tauris«. In: Reinhold Grimm / Conrad Wiedemann (Hrsg.): Literatur und Geistesgeschichte. Festschrift für Heinz Otto Burger. Berlin 1968. S. 140–157.

Lange, Horst Joachim: Identitätskrise und Souveränitätsprinzip: Die Relevanz des Politischen in Goethes »Götz von Berlichingen« und »Iphigenie auf Tauris«. In: Dissertation Abstracts International, A (Humanities and Social Sciences) 57 (1997) II. 8. Sp. 3515.
– Goethe's Iphigenie auf Tauris and the First Amendment. In: Beth Björklund / Mark E. Cory (Hrsg.): Politics in German Literature. Camden House (Columbia) 1998. S. 8–26.

Liesegang, Rolf: Über den Umgang mit »Iphigenie«. In: Literatur für Leser (1986) S. 17–23.

Lindenau, Herbert: Die geistesgeschichtlichen Voraussetzungen von Goethes »Iphigenie«. Zur Geschichte der Säkularisierung christlicher Denkformen in der deutschen Dichtung des 18. Jahrhunderts. In: Zeitschrift für Deutsche Philologie 75 (1956) S. 113–153.

Lorenz, Rolf: Utopie contra Entfremdung. Eine Entgegnung auf H. Ivos Versuch, Goethes »Iphigenie« politisch zu verstehen. In: Diskussion Deutsch 5 (1974) S. 181–192.

Lucerna, Camilla: Der morphologische Grundriß und die religiöse Entwicklung des Goetheschen Dramas »Iphigenie auf Tauris«. In: Goethe-Jahrbuch 33 (1912) S. 97–112.

Maillard, Christine: Loslösung – Begegnung – Bestimmung. Goethes Iphigenie auf Tauris: Mythos und Archetyp. In: Germanic Review 69 (1994) H. 3. S. 98–105.

May, Kurt: Goethes »Iphigenie«. In: K. M.: Form und Bedeutung. Stuttgart ³1972. S. 73–88.

Mayer, Hans: Der eliminierte Mythos in Goethes »Iphigenie auf Tauris«. In: H. M.: Das unglückliche Bewußtsein. Zur deutschen Literaturgeschichte von Lessing bis Heine. Frankfurt a. M. 1986. S. 246–254.

Meier, Albert: Amarilli auf Tauris. Der Einfluß von Guarinis »Pastor fido« auf Goethes »Iphigenie«. In: Germanisch-Romanische Monatsschrift 36 (1986) S. 455–457.

Melchinger, Siegfried: Das Theater Goethes. Am Beispiel der »Iphigenie«. In: Jahrbuch der Deutschen Schillergesellschaft 11 (1967) S. 297–319.

Metz, Adolf: Die Heilung des Orestes in Goethe's »Iphigenie«. In: Preußische Jahrbücher 102 (1900) S. 27–46.

Minor, Jacob: Die Wielandschen Singspiele und Goethes »Iphigenie«. In: Zeitschrift für deutsche Philologie 19 (1887) S. 232–239.

Müller, Günther: Das Parzenlied in Goethes »Iphigenie«. In: Publications of the English Goethe Society 22 (1953) S. 84–106.

Müller, Joachim: Das Wagnis der Humanität – Goethes »Iphigenie«. In: J. M.: Neue Goethe Studien. Halle a. d. Saale 1969. S. 7–25.

Neubauer, John: Sprache und Distanz in Goethes »Iphigenie«. In: Wolfgang Wittkowski (Hrsg.): Verlorene Klassik? Ein Symposium. Tübingen 1986. S. 27–36.

Niggl, Günter: Die Geburt der deutschen Klassik. Zu den Entstehungsbedingungen von Goethes »Iphigenie«. In: Roger Bauer (Hrsg.): Der theatralische Neoklassizismus um 1800. Ein europäisches Phänomen? Bern 1986. S. 11–25.

Nordheim, W. von: Die Atridendramen von Euripides, Hauptmann und Sartre – verglichen mit Goethes »Iphigenie«. In: Wirkendes Wort 11 (1961) S. 162–167.

Pascal, Roy: Some words of Pylades. In: The Era of Goethe. Essays presented to James Boyd. Oxford 1959. S. 106–117.

Pestalozzi, Karl: Goethes »Iphigenie« als Antwort an Lavater betrachtet. In: Goethe-Jahrbuch 98 (1981) S. 113–130.

Petersen, Uwe: Goethe und Euripides. Untersuchungen zur Euripides-Rezeption in der Goethe-Zeit. Heidelberg 1974.

Petsch, Robert: Iphigenie auf Tauris. In: Goethe. Vierteljahresschrift der Goethe-Gesellschaft. Neue Folge des Jahrbuchs 2 (1937) S. 163–183.

Pfaff, Peter: Die Stimme des Gewissens. Über Goethes Versuch zu einer Genealogie der Moral, vor allem in der »Iphigenie«. In: Euphorion 72 (1978) S. 20–42.

Politzer, Heinz: No man is an island. A note on image and thought in Goethe's »Iphigenie«. In: The Germanic Review 37 (1962) S. 42–54. – Dt. in: H. P.: Das Schweigen der Sirenen. Stuttgart 1968. S. 285–311.

Pollak, Hans: Der Schluß von Goethes »Iphigenie auf Tauris«. In: Germanisch-Romanische Monatsschrift 40 (1959) S. 427–430.

Prandi, Julie D.: Goethes Iphigenie as a woman. In: Germanic Review 60 (1985) S. 23–31.

Rasch, Wolfdietrich: Goethes »Iphigenie auf Tauris« als Drama der Autonomie. München 1979.

Reed, Terence James: Iphigenies Unmündigkeit. Zur weiblichen Aufklärung. In: Georg Stötzel (Hrsg.): Germanistik – Forschungsstand und Perspektiven. Vorträge des Deutschen Germanistentages 1984. Tl. 2. Berlin / New York 1985. S. 505–524.

– Iphigenie auf Tauris. In: Goethe-Handbuch. Bd. 2: Dramen. Hrsg. von Theo Buck. Stuttgart/Weimar 1996. S. 195–228.

Reiss, Gunter: Dramaturgie der Gewalt. Der Verhör als kommunikative Figur in der Geschichte und im Drama des 20. Jh. In: Karl Richter / Jörg Schönert (Hrsg.): Klassik und Moderne. Die Weimarer Klassik als historisches Ereignis und Herausforderung im kulturgeschichtlichen Prozeß. Stuttgart 1983. S. 600–617.

Reiss, Hans: The Consequences of »Theological« Politics in Goethe's Iphigenie auf Tauris. In: Dorothy James / Silvia Ranawake (Hrsg.): Patterns of Change: German Drama and the European Tradition. New York 1990. S. 59–71.

Reynolds, Susan Helen: »Erstaunlich modern und ungriechisch«? Goethe's »Iphigenie auf Tauris« and its classical background. In: Publications of the English Goethe Society 57 (1988) S. 55–74.

Rohmer, Rolf: Klassizität und Realität in Goethes Frühweimarer Dramen (besonders Iphigenie auf Tauris). In: Goethe-Jahrbuch 93 (1976) S. 38–50.

Salm, Peter: Truthtelling and lying in Goethe's »Iphigenie«. In: German Life and Letters 34 (1980/81) S. 351–358.

Schaum, Konrad: Der historische Aspekt in Goethes »Iphigenie«. In: Volker Dürr / Geza von Molnár (Hrsg.): Versuche zu Goethe. Festschrift für Erich Heller. Heidelberg 1976. S. 248–268.

Schmidt, Peter: Der Wortschatz von Goethes »Iphigenie«. Analyse der Werk- und Personensprache mit EDV-Hilfe. Mit Wortindex, Häufigkeitswörterbuch und Wortgruppentabellen. Frankfurt a. M. 1970.

Schumann, Detlev W.: Die Bekenntnisszenen in Goethes »Iphigenie«: Symmetrie und Steigerung. In: Jahrbuch der Deutschen Schillergesellschaft 4 (1960) S. 229–246.

Segebrecht, Ursula: Götter, Helden und Goethe. Zur Geschichtsdeutung in Goethes »Iphigenie auf Tauris«. In: Karl Richter / Jörg Schönert (Hrsg.): Klassik und Moderne. Die Weimarer Klassik als historisches Ereignis und Herausforderung im kulturgeschichtlichen Prozeß. Stuttgart 1983. S. 175–193.

Seidlin, Oskar: Goethes »Iphigenie« – »verteufelt human«? In: Wirkendes Wort 5 (1954/55) S. 272–280.

Sharpe, Lesley: Schiller and Goethe's »Iphigenie«. In: Publications of the English Goethe Society 54 (1985) S. 101–122.

Sheldon, Ulrike: Mösers Urteil über Goethes »Iphigenie« (3. Fassung). In: Goethe-Jahrbuch 91 (1974) S. 256–265.

Stahl, Ernest L.: Goethe, Iphigenie auf Tauris. London 1961.

Steinweg, Carl: Goethes Seelendramen und ihre französischen Vorlagen. Halle a. d. Saale 1912.

Stockum, Theodorus Cornelis van: Zum Orestes-Problem in Goethes »Iphigenie auf Tauris« und in der altgriechischen Tragödie. In T. C. v. S.: Von Friedrich Nicolai bis Thomas Mann. Aufsätze zur Deutschen und Vergleichenden Literaturgeschichte. Groningen 1962. S. 152–175.

Storz, Gerhard: Goethes »Iphigenie«. [1947/48.] In: G. S.: Goethe-Vigilien, oder Versuche in der Kunst, Dichtung zu verstehen. Stuttgart 1953. S. 5–18.

Varwig, Freyr R.: Die Umgestaltung von Goethes »Iphigenie« aufgrund der »Prosodie« von Karl Philipp Moritz. In: Goethe et les arts du spectacle. Textes réunis par M. Corvin. Actes du Colloque de Francfort (1982). Bron 1986. S. 124–146.

Villwock, Jörg: Zu einigen Entsprechungen zwischen Goethes »Iphigenie« und der Gebetsrhetorik des Origines. In: Euphorion 81 (1987) S. 189–216.

Wamber, Valentin: Schönheit und Erkenntnis. Zum Zusammenhang zwischen Ethik und Ästhetik in Goethes »Iphigenie auf Tauris«. Diss. Hamburg 1987.

Warncke, Pedro: Die Entsühnung des Orest in Goethes »Iphigenie auf Tauris«, unter Berücksichtigung einer Entwicklung in des Dichters Auffassung von der 1. zur 4. Gestalt der Dichtung. In: Jahrbuch der Goethe-Gesellschaft 9 [Goethe-Jahrbuch 43] (1922) S. 113–115; 10 [44] (1924) S. 131–138.

Weiss, Hermann: Image Structures in Goethe's »Iphigenie auf Tauris«. In: Modern Language Notes 87 (1972) S. 433–449.

Werner, Hans-Georg: Antinomien der Humanitätskonzeption in Goethes »Iphigenie«. In: Weimarer Beiträge 14 (1968) S. 361–383.

Wierlacher, Alois: Ent-Fremdete Fremde. Goethes »Iphigenie auf Tauris« als Drama des Völkerrechts. In: Zeitschrift für Deutsche Philologie 102 (1983) S. 161–180.

Winter, Ingrid: Wiederholte Spiegelungen: Funktion und Bedeutung der Verseinlage in Goethes »Iphigenie auf Tauris« und »Wilhelm Meisters Lehrjahre«. New York 1988.

Wittkowski, Wolfgang: »Bei Ehren bleiben die Orakel und gerettet sind die Götter«? Goethes »Iphigenie«: Autonome Humanität und Autorität der Religion im aufgeklärten Absolutismus. In: Goethe-Jahrbuch 101 (1984) S. 250–268.

– Tradition der Moderne als Tradition der Antike. Klassische Humanität in Goethes »Iphigenie« und Schillers »Braut von Messina«. In: Theo Elm / Gerd Hemmerich (Hrsg.): Zur Geschichtlichkeit der Moderne. Der Begriff der literarischen Moderne in Theorie und Deutung. München 1982. S. 113–134.

Woesler, Winfried: Goethes »Iphigenie« 1779–1787. In: Louis Hay / W. W. (Hrsg.): Edition und Interpretation. Akten des Deutsch-Französischen Editorenkolloquiums, Berlin 1979. Bern 1981. S. 97–110.

Lektüreschlüssel für Schüler

Johann Wolfgang Goethe: **Faust I.**
Von Wolfgang Kröger. UB 15301

Ein sicherer Schlüssel zur »Faust«-Lektüre, der Schülern den ersten Zugang zu Goethes Weltdichtung, der Summe seines Lebenswerks, eröffnet.

Erstinformation zum Werk: Ein Blick auf den ganzen »Faust« · **Inhaltsübersicht** zu »Faust I«: **Die dramatische Struktur · Personencharakteristik, Personenkonstellation · Werkaufbau** – Strukturskizze · **Wort- und Sacherläuterungen** · Aspekte zur **Interpretation · Goethe.** Zu seiner **Biographie** und seiner Auseinandersetzung mit dem **Faust-Thema · Der Faust-Stoff und seine Rezeption · »Checkliste« · Lektüretipps/Filmempfehlungen**

In verständlicher Sprache · knapp, in klar gegliederten Texteinheiten · **kompetent** – verfasst von erfahrenen Schulpaktikern · **in lesefreundlichem Layout**

Philipp Reclam jun. Stuttgart

Lektüreschlüssel für Schüler

Reclam

Erläuterungen und Dokumente

Eine Auswahl

Philipp Reclam jun. Stuttgart